Nordseeküste
Ostfriesland

Claudia Banck

Inhalt — Strand- oder Wattwandern im goldenen Abendlicht

Moin, Moin!

Die Nordseeküste im Internet	5
Willkommen	8
Geschichte	12
Gut zu wissen	14
Feste & Unterhaltung	18
Unterwegs mit Kindern	21
Übernachten	24
Essen & Trinken	26
Aktivurlaub	30
Reise-Infos **Notfall** ⟶	34

Zu Gast an der Nordsee

Orte von A bis Z

Bremerhaven	40
Butjadingen	46
Carolinensiel / Harlesiel	50
Cuxhaven	53
Dangast / Varel	60
Dornumersiel / Dornum	62
Dorum	66
Emden	67
Esens / Bensersiel	72
Greetsiel	74
Neuharlingersiel	78
Norden / Norddeich	80
Otterndorf	84
Pewsum	88
Wangerland	89
Wilhelmshaven	92
Wremen	99

Salzwiese mit Strandflieder

Ausflüge auf die Nordseeinseln
Baltrum	100
Borkum	100
Helgoland	101
Juist	102
Langeoog	103
Norderney	103
Spiekeroog	104
Wangerooge	105

Extra-Touren

Tour 1: Mit dem Fahrrad durch die Krummhörn 108
Tour 2: Moore und Meere 110
Tour 3: Mit dem Krabbenkutter zu den Seehundbänken 112
Tour 4: Von Mühle zu Mühle 114
Tour 5: Übers Watt nach Neuwerk und Scharhörn 116

12 Highlights

Bremerhaven – weltoffene Seestadt	40
Fedderwardersiel – Kutterhafen	46
Spaziergang von Carolinensiel zum Meer	50
Cuxhaven – Am Weltschifffahrtsweg	53
Kunst am und im Meer bei Dangast	60
Dornum – trutzige Häuptlingsstadt	62
Bad Bederkesa – Archäologie am Bederkesaer See	67
Emden – Grachtenfahrt im ›Venedig des Nordens‹	70
Idyllischer Fischer- und Künstlerort Greetsiel	74
Neuharlingersiel – malerischer Sielhafen	78
Fachwerkhäuser in Otterndorf	84
Südstrand in Wilhelmshaven	94

Inhalt

Stadtpläne

Bremerhaven	42/43
Cuxhaven	54/55
Emden	68/69
Wilhelmshaven	96/97
Register	118
Impressum/Fotonachweis	120

20 Reisetipps Nordseeküste

Weiße und grüne Strände	16
Trekking-Hütten	25
Krabbenpulen	27
Rad up Pad	31
Wattwandern	32
Wellness	33
Meer erleben	46
Schiffsansagedienst	53
Fischereihafen in Cuxhaven	56
Spaziergang mit Hund am Meer	63
Ruhe in Neßmersiel	64
Kunsthalle Emden	67
Film- und Bluesfestival in Emden	70
Kinderparadies Bensersiel	72
Wohnen in denkmalgeschützten Häusern	75
Poppingas Bäckerei in Greetsiel	76
Naturschutzgebiet Leyhörn	78
Vergnügliche Regentage	80
Schlosspark in Lütetsburg	82
Maritime Meile Wilhelmshaven	92

Die Nordseeküste im Internet

Nordseeküste online
www.die-nordsee.de
Informationen über Anreise und Veranstaltungen. Prospektbestellung, u. a. das informative Nordsee-Magazin, das die Nordseeküste zwischen Emden und Otterndorf beschreibt.
www.ostfriesland.de
Schön gemachte Seiten von Ostfriesland Touristik mit vielen Informationen. Über die Kopfleiste gelangt man zu Raderlebnis, Familienerlebnis, Kultur, Wellness, Naturerlebnis, Typisch Ostfriesland.
www.friesland-touristik.de
(Friesland-Touristik GmbH)
Informationen und Links zu Anreise, Unterkünften, Veranstaltungen.
www.nordwestreisemagazin.de
Virtuelles Reisemagazin für Ost-Friesland. Sehr übersichtlich geordnet, Infos über Literatur, Kunst, Museen, Kirchen, Architektur, Natur, aber auch Cafés, Restaurants, Heuhotels, Bauernhofferien… Einige der Links sind grandios, andere Websites erst im Aufbau und noch sehr mager. Aber das Surfen lohnt.
www.barrierefrei-reisen.de
Bei der Suche nach Unterkunft, Gastronomie, Campingplätzen und Veranstaltern für Menschen mit körperlicher, geistiger oder seelischer Behinderung hilft der elektronische Reiseführer des niedersächsischen Behindertenbeauftragten: Die vorliegenden Daten werden allerdings seit 2002 nicht mehr aktualisiert, das Projekt ›Barrierefrei durch Niedersachsen‹ wird durch das Projekt ›Stadtführer nicht nur für Behinderte‹ abgelöst. Die Daten bleiben aber bis zum Erscheinen des neuen gemeinsamen Auftrittes niedersächsischer Gemeinden im Netz stehen (www.stadtfuehrer.net, auch gültig für Gemeinden außerhalb Niedersachsens).

Unterkünfte auf dem Land
Bauernhöfe, Heuhotels sowie Bett & Box (Urlaub mit dem Pferd):
www.bauernhofferien.de
www.ostfriesland-bauernhofurlaub.de

Natur/Wattenmeer/Veranstaltungen
Die Seiten mit vielen Links machen Lust auf den Nationalpark Wattenmeer. Sie bieten viele Informationen, verweisen auf Veranstaltungen und Exkursionen.
www.nabu-ostfriesland.de
www.seehundstation-norddeich.de
www.seehundhilfe.de
www.seehund.de
www.wattenmeer-nationalpark.de (Homepage der drei deutschen Wattenmeer-Nationalparks)
cwss.www.de Englische aber auch einige deutsche Infos über den Nationalpark Wattenmeer in Dänemark, Deutschland und den Niederlanden.

Radwandern
Informative und nützliche Adresse, für alle, die nicht nur am Strand liegen wollen: **www.northsea-cycle.com** (Nordseeküsten-Radweg).
Nützliche Informationen zum Radfahren und über verschiedene Fernradwege unter **www.ostfriesland.de**

Verkehr
Mobilitätszentrale, die bei der Reiseplanung hilft: Infos zu Bahn, Bus, Schiff und Flug unter **www.mobil-in-ostfriesland.de**

Wetter
Das Wetter im Internet: **www.nordseewetter.de** (Cuxhaven).

Moin

Der Zauber der südlichen Nordsee erschließt sich nicht sofort. Es sei denn, man erwischt einen dieser sonnigen Tage im Mai, wenn sich am hohen blauen Himmel die weißen Wolken spielerisch auftürmen, die goldenen Rapsfelder nach Kindheit und Frühling duften und auf dem grünen Deich Schafe mit ihren Lämmern grasen. Oder im Sommer, wenn die Seehunde mit ihren Jungen auf den Sand-

Moin

bänken dösen und die bunten Strandkörbe am Strand zum Nichtstun einladen. Im Herbst, wenn sich Abertausende von Zugvögeln im Vorland der Deiche sammeln, im Wattenmeer nach Nahrung suchen, um Energiereserven für ihren langen Flug ins südliche Afrika zu sammeln. Und bezaubernd sind auch die frostklaren Tage, wenn der Deich mit glitzerndem Raureif überzogen ist.

Verdiente Rast in Jever

Willkommen

Nordseeküste: ›Auf Störtebekers Spuren‹

Is teetied

Wenn die Nordweststürme über das Land gehen, einem der Regen ins Gesicht fegt, die Strandkörbe und Wohnwagen in der Winterruhe hinterm Deich kauern, dann sehnt man sich bisweilen in andere Regionen, hegt nur kleine Sympathien für das graue Watt, das flache Land, die verfrorenen Städte. Man zieht sich in die Teestuben zurück, horcht auf den Sturm da draußen und ist froh, dass die Küstenbewohner einen kräftigen, guten Tee zu schätzen wissen, dessen Zubereitung sie zelebrieren, wie kein anderes Völkchen dieser Erde. Während die Nordsee an die Küste tobt, glimmt im Teestövchen eine wärmende Flamme und schafft Behaglichkeit. Is teetied: In die Tasse wird zuerst der Kluntjes (dicker, weißer Kandiszucker) gelegt. Darauf wird der heiße Tee gegossen, es knistert und knackt, und schließlich wird noch ein Löffel Rahm in die Tasse gehoben. Ohne umzurühren genießt man in Etappen: die sanfte Sahne, den bitteren Tee, zuletzt die köstliche Süße.

Im Wechsel der Gezeiten

Ähnlich kontrastreich wie der Genuss einer Tasse herb-süßen Ostfriesentees kann auch ein Urlaub an der Küste sein. Manch einer, der zum ersten Mal her kommt, ist enttäuscht, wenn er das Meer nicht vorfindet. Der ewige Wechsel von Ebbe und Flut bestimmt das Leben an der Küste. Schon der römische Geschichtsschreiber Plinius der Ältere (23–79 n. Chr.) staunte: »Hier überflutet der Ozean zweimal binnen Tag und Nacht in ausgebreiteter Flut einen unermesslichen Landstrich und verursacht einen ewigen Streit der Natur, so dass man nicht weiß, ob diese Gegend zum festen Lande oder zum Meere gehört.« Ohne die mächtigen Deiche stünde ein Großteil des Küstenlandes bei jeder höheren Flut unter Wasser. Die ersten Deiche wurden um das Jahr 1000 gebaut. In der ältesten überlieferten Satzung aus der Zeit um 1100 heißt es: »Das ist ein Landrecht, dass wir Friesen eine Seeburg zu stiften und zu stärken haben, einen goldenen Ring, der um ganz Friesland liegt …« In der ersten Zeit der Besiedlung war das Land noch ohne Schutz. Um sich vor dem steigenden Meeresspiegel zu schützen, begannen die Menschen Hügel, Wurten oder Warf(t)en, aufzuwerfen.

Warfendörfer und Sielhäfen

Warfen prägen bis heute die weiten Marschen, unbekannte Landschaften wie die Krummhörn, das Wangerland,

Vor den Zwillingsmühlen von Greetsiel: Ferienspaß auf dem Tretboot

Butjadingen und das Wurster Land, deren sanfte Schönheit sich am ehesten beim Wandern oder Radfahren offenbart. Ganze Dörfer liegen auf Rund- oder Langwarfen, in deren Mitte sich mächtige Gotteshäuser erheben. Früher dienten die Kirchen auch als Zufluchtsort im Fall einer Sturmflut oder eines feindlichen Angriffs. Diese aus rheinischem Tuff- oder irdenem roten Backstein erbauten Gotteshäuser stammen aus einer Zeit, in der die Bauern der fruchtbaren Marsch reich waren. Viele Kirchen bergen kostbare historische Orgeln, die Dollart-Ems-Region gilt als die reichste Orgellandschaft der Welt.

Malerische Ausflugsziele sind die Sielhäfen an der Küste. Im Gegensatz zu den uralten Warfendörfern entstanden sie erst nach dem Deichbau. Nach Fertigstellung des Goldenen Ringes, der das Land nahtlos umschloss, versanken die eingedeichten, tief gelegenen Felder und Wiesen der Marsch – nicht nur nach ausdauernden Regenfällen – im Wasser. Man musste den Deich wieder öffnen und Siele einbauen, die, vielerorts mit Schleusen versehen, als Durchfahrtmöglichkeit für die Schifffahrt genutzt wurden. Ein Netz von Entwässerungsgräben und schiffbaren Kanälen erschloss das Binnenland, das noch über kein nennenswertes Straßennetz verfügte – heute ein Traumrevier für Angler und Paddler. Die ganze Küste ist mit kleinen Sielhäfen ›gespickt‹, einst Heimat prächtiger Segelschiffe, die die Weltmeere befuhren. Die Zeiten der Windjammer sind lange vorbei, doch zu den zahlreichen Regatten und Hafenfesten tauchen sie wieder auf, mit geölten Holzplanken, dicken Tauen und rauem, kräftigem Segel. Die Perlen unter den Sielhäfen sind Greetsiel, Neuharlingersiel, Carolinensiel, Hooksiel und Fedderwardersiel.

Burgen und Schlösser

Historische Zeugnisse sind auch die Burgen und Schlösser aus der Häuptlingszeit. Ab Mitte des 14. Jh. bestimmten so genannte Häuptlinge das politische Geschehen auf der ostfriesischen Halbinsel. In zahlreichen Fehden setzten sich die stärksten Häuptlinge durch, der so entstandene Adel löste die seit dem Mittelalter geltende genossenschaftliche Verfassung freier, gleichberechtigter Friesen ab. Zwar wurden die meisten Burgen und Schlösser Mitte des 18. Jh. vom preußischen König Friedrich II. geschleift, doch u. a. in Groothusen, Hinte, Berum, Dornum und Gödens blieben wehrhafte Burgen erhalten.

Viele Burgen fielen auch Strafexpeditionen der Hansestädte zum Opfer, die die Häuptlinge für ihre Kungelei mit

Moin, Moin

den Vitalienbrüdern, Seeräubern, bestraften. Anfangs mit legalen Kaperbriefen ausgestattet, machten diese die Ostsee unsicher. Von dort vertrieben, bot sich als Alternative die buchtenreiche ostfriesische Nordseeküste an – dank ihrer Lage am Schifffahrtsweg zwischen Hamburg, Bremen und dem Ärmelkanal ein ideales Revier für Piraten. Einige Häuptlinge gewährten ihnen Unterschlupf, im Gegenzug erhofften sie eine Beteiligung an der Beute und Unterstützung im Kampf. Im Laufe der Jahrhunderte wurden die Piraten romantisch verklärt. Störtebeker, einer ihrer Anführer, soll gar einen Teil der erjagten Beute an Arme verteilt haben. Nach ihm ist heute die parallel zum Deich verlaufende Straße benannt.

Stolze Seestädte

An der Störtebekerstraße liegen auch die großen Seestädte Bremerhaven, Cuxhaven, Emden und Wilhelmshaven – allesamt keine Bilderbuchstädte. Im Zweiten Weltkrieg schwer zerstört, haben sie kaum gemütliche Altstadtkerne aufzuweisen. Die Städte überraschen aber mit einem vielseitigen kulturellen Angebot und außergewöhnlichen Museen. Der berühmte Zoo am Meer in Bremerhaven, das Wrackmuseum in Cuxhaven, das Otto-Huus in Emden, die Unterwasserwelt Oceanis und das ›für Entdecker‹ konzipierte Nationalparkhaus ›Das Wattenmeer‹ in Wilhelmshaven lassen auch Kinderherzen höher schlagen. Die größte Attraktion sind aber ihre Häfen. Die Nähe zum Wasser prägt den Horizont: Frachter, Fruchtschiffe, Öltanker, Autotransporter und Containerriesen – die meist befahrenen Schifffahrtslinien der Welt liegen gleich vor der Haustür. Wilhelmshaven und Bremerhaven blicken auf eine lange Tradition als Auswandererhäfen zurück und sind heute noch Station für die großen Kreuzfahrtschiffe und Weltumsegler. In den Fischereihäfen kann man (leider immer seltener) spannende Fischauktionen erleben, frischen Fisch kosten, kaufen und sich für die Heimreise auf Eis packen lassen.

Ausflugsziele im Meer

Reizvoll sind Bootsfahrten zu den vorgelagerten Seehundbänken und nach Helgoland. Von Cuxhaven aus gelangt man zu Fuß, per Kutsche oder mit dem Schiff zur Insel Neuwerk. Lohnenswerte Tagesausflugsziele sind die Ostfriesischen Inseln mit ihren weiten Sandstränden. Die Inseln sind nicht, wie früher angenommen, Reste eines von Sturmfluten zerschlagenen Festlandes, sondern neuzeitliche Landbildungen – Kinder des Meeres und des Windes. Vor der Küste lagerten sich vom Tidenstrom herangeführte Sande ab und bildeten Sandwälle, Pflanzen siedelten sich an, neuer Sand wurde herangetragen, Inseln entstanden. Ihre Entwicklung ist noch nicht abgeschlossen. Die von Nordwest heranbrechenden Wellen tragen im Westen der Inseln die Sandmassen ab, Wind und Wellen führen sie dem Ostende zu, das auf allen Inseln aus saharaähnlichen Sandebenen besteht. So befand sich beispielsweise die Westseite von Baltrum vor etwa 350 Jahren noch dort, wo heute die Ostseite von Norderney liegt. In den kleinen Küstenhäfen legen die Fähren und Ausflugsdampfer zu den Inseln ab. Einige können – gezeitenabhängig – nur ein-bis zweimal pro Tag angelaufen werden. Vom Fähranleger geht es entweder zu Fuß oder mit der Inselbahn in den Inselort und dann weiter durch die Dünen an den Sandstrand und die Nordsee.

Die Inseln wie auch weite Bereiche des festländischen Vorlands gehören seit 1986 zum Nationalpark Niedersächsisches Wattenmeer. Er wurde zum Schutz einer unvergleichlichen, einzigartigen Natur geschaffen, die immer mehr Urlauber an die Nordseeküste zieht. Das Wattenmeer ist Drehscheibe des internationalen Vogelflugs, Kinderstube für eine Vielzahl von Fischen, Lebensraum für die Seehunde, die auf vorgelagerten Sandbänken ihre Jungen zur Welt bringen. Die Nationalparkgesetze regeln durch die Einteilung in Schutzzonen die möglichst naturverträgliche wirtschaftliche Nutzung des Gebiets. Das führt seit der Gründung des Nationalparks zu Konflikten zwischen Naturschützern und Küstenbewohnern, die sich in diesem, der Nordsee unter Entbehrungen abgetrotzten Land zahlreichen Einschränkungen und Verboten ausgesetzt sehen. Es ist verboten, Kühe und Schafe überall weiden zu lassen, im Wattenmeer Herzmuscheln zu fischen und zu jagen. Obwohl die Meinungen von Bevölkerung und Naturschützern in vielen Punkten divergieren, ist man sich darüber einig, dass eine intakte Umwelt Grundlage für den Fremdenverkehr ist. Eine heile Natur ist das Kapital der Küstenregion schlechthin.

Moin, Moin!

Die niedersächsische Nordseeküste ist ein Land für Menschen, die Ruhe und einen weiten Horizont suchen, die sich Zeit nehmen, die ruhige und liebenswerte Art der Küstenbewohner kennen zu lernen. Wenn diese miteinander sprechen, versteht ein Binnenländer mitunter recht wenig. Ursprünglich wurde an der Küste friesisch gesprochen. Seit dem Ende des 14. Jh. wurde das Friesische durch das Niederdeutsche verdrängt, aus dem sich ein mit vielen friesischen und niederländischen Wortformen angereichertes Platt entwickelt hat. *Moin, Moin!* erklingt zu allen Tageszeiten. *Moin* entstand aus dem Gruß »*Ik wünsch Di een moien Dag!*« *Moi* bedeutet ›schön‹. *Moin, Moin* – könnte es ein netteres Willkommen geben?

Nationalpark Niedersächsisches Wattenmeer

Gründung: 1. Jan. 1986 (Nationalparkverordnung vom 13. Dez. 1985, ersetzt durch das Nationalparkgesetz vom 1. Aug. 2001)

Lage: Ostfriesische Inseln, Watten und Seemarschen zwischen Dollart (Staatsgrenze zu NL) im Westen und Cuxhaven (Fahrrinne Außenelbe) im Osten

Ausdehnung: vom Seedeich (seesitiger Deichfuß) bis zur Tiefenlinie (5–10m) seesits der Inseln und Sandbänke

Bewohnte Inseln: Wangerooge, Spiekeroog, Langeoog, Baltrum, Norderney, Juist, Borkum

Unbewohnte Inseln: Memmert (Einwohnerzahl = 1 – der Vogelwart), Mellum, Minsener Oog

Gesamtfläche: ca. 278 000 ha

Geschichte

Bremerhaven – mit langer Tradition als Seefahrer- und Auswandererstadt

um 300 v. Chr.	Aufgabe der Flachsiedlungen in der Marsch, Beginn des Warfenbaus.
um Christi Geburt– 700 n. Chr.	Ursprünglich leben Chauken an der Nordseeküste zwischen unterer Ems und Elbe; gefolgt von den aus Osten vordringenden Sachsen, die am dichtesten zwischen Elbe und Weser siedeln. Friesen ziehen zunächst in das Gebiet zwischen Rhein und Ems. Um 600 wandern sie in das heutige Ostfriesland ein. Sie sind Bauern und Handel treibende Seefahrer. Unter König Radbod bilden sie um 700 ein Großreich.
785	Karl der Große gliedert das Friesenreich dem Frankenreich ein und unterteilt es in Grafschaften. Die ›freien‹ Friesen sind ihm unmittelbar untertan, es bildet sich kein Stammesherzogtum.
um 1000	Beginn des Deichbaus. Um 1300 kann die Deichlinie geschlossen werden. In ihrem Schutz blühen Wirtschaft und Handel.
12.–16. Jh.	Kein Jahrhundert vergeht, in dem nicht Sturmfluten die Küstenlinie drastisch verändern. So entstehen die tiefen Einbrüche von Dollart und Jadebusen, Harle- und Leybucht. Ab 1500 beginnen die Küstenbewohner mit der planmäßigen Zurückgewinnung des verloren gegangenen Landes.
13. Jh.	Die friesischen Seelande schließen sich zusammen. Ihre Vertreter treffen sich jährlich am Upstalsboom westlich von Aurich zur Beratung.
1350–1460	Häuptlingsfamilien bestimmen fortan das politische Geschehen. Um 1400 kommt es zu spektakulären Expeditionen der Hansestädte Hamburg und Lübeck gegen die Vitalienbrüder (s. S. X). Die Hamburger setzen sich 1433 in Emden fest, übergeben die Verwaltung aber bereits 1439 den Häuptlingen Edzard und Ulrich Cirksena.

Geschichte

1464 Friedrich III. erhebt Ulrich Cirksena in den Reichsgrafenstand. Bis 1744 bleibt Ostfriesland unter der Herrschaft der Cirksena.

16. Jh. Zu Beginn des Jahrhunderts versuchen Butjadinger und Wurster Bauern ohne Erfolg, ihr fruchtbares Land gegen Bremer Besitzansprüche zu verteidigen.

um 1520 Beginn der Reformation. Durch den Zuzug niederländischer Kaufleute und Reeder, die aufgrund ihres Glaubens emigrieren, erlebt Emden ab 1550 einen wirtschaftlichen Aufschwung.

1744 Der letzte Cirksena stirbt ohne Nachkommen, Friedrich der Große übernimmt die Herrschaft.

1806–1818 Nach der preußischen Niederlage gegen Napoleon wird die Ems-Jade-Region holländisch. Wenig später fallen Ostfriesland und Bremen unter französische, das Jeverland unter russische Herrschaft. 1815 gehen Ostfriesland und das Land Hadeln an das Königreich Hannover über, 1818 wird das Jeverland von Oldenburg übernommen.

1866 Die Preußen annektieren Ostfriesland, das Land Hadeln und Bremen.

1939–1945 Im Zweiten Weltkrieg werden Bremerhaven, Cuxhaven, Emden und Wilhelmshaven durch Luftangriffe schwer zerstört.

1946 Das Land Niedersachsen wird gegründet.

1986/1990 Gründung der Nationalparks Niedersächsisches und Hamburgisches Wattenmeer.

2001/2 Das Wattenmeer steht als Weltnaturerbe der Unesco zur Diskussion. Ein Teil der Küstenbewohner, vor allem Fischer und Landwirte, sind dagegen, sie befürchten weitere Einschränkungen und einengende Gesetze.
Im Mai 2002 sterben auf der dänischen Insel Anholt die ersten Seehunde an einem Staupevirus. Im gesamten Wattenmeer (Dänemark, Deutschland und Niederlande) werden bis zum Ende der Epidemie weit über 10 000 tote Seehunde registriert.

Juli 2003 Das von der Meyer Werft gebaute Kreuzfahrtschiff ›Serenade of the Seas‹ wird mit Hilfe der Staufunktion des Emssperrwerks von Papenburg zur Nordsee überführt. Weil es mitten durch ein EU-Vogelschutzgebiet gebaut wurde, ist das Ende 2002 fertig gestellte Sperrwerk umstritten.

Den Elementen ganz nah: Weiter Himmel, Seeluft, Ebbe und Flut

Gut zu wissen

Bernstein
Nach stürmischen Tagen findet man ihn zwischen Tang, Kieseln und angetriebenem Holz im Flutsaum am Deich. Das ›Gold des Nordens‹ entstand vor rund 35–55 Mio. Jahren aus dem versteinerten Harz urzeitlicher Nadelbäume, zu finden ist es auf fast allen Kontinenten. Der rohe Bernstein, den man mit etwas Glück am Strand entdeckt, gleicht nicht dem golden und warm strahlenden Schmuck im Laden. Wer nicht ganz sicher ist, ob der mattgelbe, schneeweiße, orangefarbene, hellbraune oder rötliche Stein auch wirklich ein Bernstein ist, reibe ihn an Wollsachen. Dann lädt sich der Bernstein elektrostatisch auf und zieht u. a. Papierschnipsel an. Eine andere Methode: In einem mit zwei Teelöffeln Kochsalz angereichertem Glas Wasser schwimmt Bernstein, da seine Dichte geringer ist als die der Flüssigkeit. Einfacher ist die Zahnprobe: Man klopft mit dem Stein gegen die Zähne, ein gewöhnlicher Kiesel klickt hell, Bernstein dagegen gedämpft.

Ebbe und Flut
Die Gezeiten (auch Tiden genannt) bestimmen den Lebensrhythmus an der Nordseeküste. Alle 6 Stunden und 12 Minuten läuft das Wasser ab (Ebbe) und wieder auf (Flut). Addiert man die zwei Tiden, so kommt man auf 24 Stunden und 50 Minuten, der Gezeitenwechsel verschiebt sich täglich also um eine knappe Stunde. Ursache für die Auf- und Abbewegung des Wassers ist die Fliehkraft der Erde und die Anziehungskraft von Mond und Sonne. Den Höhenunterschied zwischen Niedrig- und Hochwasser nennt man Tidenhub. Er ist unterschiedlich groß. An der ostfriesischen Küste beträgt er zwischen 2,4 und 2,8 m, am Jadebusen zwischen 2,9 und 3,7 m, an der Wesermündung zwischen 2,8 und 3,4 m. Je nach Stellung von Sonne und Mond zueinander verstärken oder verringern sich die Gezeiten. Zu einer Springtide, also einer besonders hohen Flut, kommt es, wenn bei Voll- oder Neumond Sonne, Mond und Erde auf einer Achse stehen. Bei Halbmond, wenn Sonne, Mond und Erde im rechten Winkel zueinander stehen, wirkt die Anziehungskraft der Sonne der des Mondes entgegen, es kommt zur so genannten Nipptide, bei der das Hochwasser niedriger als normal ausfällt.

Deutsche Gesellschaft zur Rettung Schiffbrüchiger (DGzRS)
Am 6. November 1854 strandete das vollbesetzte Auswandererschiff ›Johanne‹ auf seiner Fahrt von Bremerhaven

Gut zu wissen

nach Baltimore am Nordstrand von Spiekeroog. Von den 230 Menschen an Bord überlebten nur 150 die Katastrophe. Dieses furchtbare Unglück ließ den Ruf, Rettungsstationen entlang der Küste zu schaffen, noch lauter und dringlicher werden. Der Emder Georg Breusing gründete den Verein zur Rettung Schiffbrüchiger in Ostfriesland, der 1865 mit anderen Rettungsvereinen zur Deutschen Gesellschaft zur Rettung Schiffbrüchiger (DGzRS) vereint wurde. Von Anbeginn finanzierte sich die Gesellschaft ausschließlich aus Spenden; sie ist auf die unentgeltliche Mitarbeit freiwilliger Helfer angewiesen. Seit Bestehen der DGzRS wurden über 60 000 Menschen aus Seenot gerettet.

Gesundheit
Die Naturheilkräfte der Nordsee sorgen für eine Stärkung des Wohlbefindens und der Leistungsfähigkeit. Im Meerwasser sind wichtige Mineralien und Spurenelemente gelöst, die, von Wind und Brandung aufgestäubt, bei einer Wanderung am Flutsaum mit jedem Atemzug aufgenommen werden. Ein Kuraufenthalt (s. S. 36) empfiehlt sich insbesonders bei Erkrankungen der Atmungsorgane und Herz- und Kreislaufstörungen, bei Hauterkrankungen und Allergien sowie Erschöpfungszuständen.

»Gott schuf das Meer, der Friese die Küste«
Dieses stolze Friesenwort hat durchaus seine Berechtigung. Ohne Deichbau und Landgewinnungsmaßnahmen würde das Meer – wie im Mittelalter – auch heute noch mit unzähligen Buchten und Prielen tief ins Land eingreifen. Die Harlebucht reichte zur Zeit ihrer größten Ausdehnung fast bis Wittmund. Ab Mitte des 16. Jh. wurde sie in mehreren Etappen bedeicht. Die neu angelegten Orte an den Deichöffnungen erhielten mit schöner Regelmäßigkeit die Endung -siel. So wanderte der Sielhafen in Carolinensiel von Süd nach Nord, von Altfunnixsiel (1599 erbaut) über Neufunnixsiel (1658) bis Carolinensiel (1729), Friedrichsschleuse (1765) nach Harlesiel (1957).

Der Jadebusen
Die Jade ist ein relativ unbedeutendes Küstenflüsschen, das bei Varel im Moor entspringt und nach 22 km in den Jadebusen mündet. Dieser entstand durch eine Sturmflut, bei der eine Landfläche von 190 km^2 überflutet wurde. Der Jadebusen ist allerdings von großer Bedeutung, weil er seit der Gründung Wilhelmshavens im Jahr 1853 die Hafeneinfahrt freispült. Mit jeder Tide strömen hier 450 Mio. m^3 Wasser ein und aus, die z. T. durch einen 5 km langen Leitdamm in die Fahrrinne gelenkt werden. Dank der Spülkraft des Jadebusens konnte Wilhelmshaven – als einziger Hafen an der flachen Gezeitenküste – zum Tiefwasserhafen ausgebaut werden.

Küstenschutz
Die ersten Deiche waren von Hand aufgeworfene, niedrige Erdwälle. Daraus haben sich mittlerweile breite Deichkörper entwickelt, die mit flachen Außen- und Innenböschungen die Macht der heranbrechenden Wellen nicht plötzlich stoppen, sondern sie allmählich auslaufen lassen. Nach der Februarflut 1962, bei der in Hamburg über 300 Menschen starben, verstärkte man die Deiche überall an der Nordseeküste. Doch die Arbeit ist damit nicht getan. Durch den Treibhauseffekt steigt der Meeresspiegel viel schneller als er-

Gut zu wissen

wartet, die Häufigkeit der Orkanfluten nimmt zu. Eine verschwenderische Energiewirtschaft forciert den Treibhauseffekt und damit das Schmelzen der Polkappen.

Nationalpark

Die Nationalparks Niedersächsisches und Hamburgisches Wattenmeer sind in drei Zonen eingeteilt: Die Ruhe- und die Zwischenzone dürfen nur auf ausgewiesenen Pfaden betreten werden. Die Erholungszone mit Badestränden und Kureinrichtungen ist frei zugänglich. Nationalparkhäuser und -zentren an der niedersächsischen Nordseeküste: Carolinensiel, Cuxhaven, Dangast, Dornumersiel, Dorum-Neufeld, Fedderwardersiel, Greetsiel, Norddeich, Wilhelmshaven. Hier erhält man Informationsmaterial über das Wattenmeer (Adressen s. Orte von A bis Z).
Sitz der Nationalparkverwaltung:
Virchowstraße 1
26382 Wilhelmshaven
Tel. 044 21/9110
www.wattenmeer-nationalpark.de

Weiße und grüne Strände

Die Festlandküste ist Wattenmeerküste – grüne Strände überwiegen. In den meisten Badeorten entlang der Nordseeküste Ostfriesland wurden Sandflächen aufgespült. Die schönsten natürlichen Sandstrände an der Festlandküste findet man in Cuxhaven. Traumhafte natürliche Strände und Dünen mit feinstem weißen Sand gibt es auf allen Ostfriesischen Inseln. Ein Tagesausflug zu einer der Inseln lohnt!

Zu Gast im Nationalpark

– Beachten Sie ausgeschilderte und abgezäunte Brut- und Rastgebiete und Schutzzonen des Nationalparks.
– Verlassen Sie nie die ausgewiesenen Wege.
– Halten Sie stets mindestens 500 m Abstand von Vogelansammlungen und den Seehundliegeplätzen.
– Betreten Sie keine Salzwiesen.
– Pflücken Sie keine Pflanzen.
– Halten Sie Hunde immer an der kurzen Leine!

Nehmen Sie kein verlassenes Seehundbaby mit, sondern verständigen Sie Mitarbeiter der Seehundaufzuchtstation in Norddeich, die Naturschutzorganisationen oder Kurverwaltungen vor Ort.

Reisekasse und Preise

Die Preise ziehen im Sommerhalbjahr enorm an, das gilt vor allem für die Unterkünfte. Die Urlaubskosten in die Höhe treibt die Kurabgabe, für die man pro Erwachsenem 1–2,50 € in der Hochsaison ansetzen muss, Kinder und Jugendliche bis 18 Jahre in Begleitung der Eltern sowie Schüler und Auszubildende sind meist frei. Strandkörbe kosten pro Tag zwischen 5 und 7,50 €, Fahrräder zwischen 4 € (einfaches Tourenrad) und 7 € (Mountainbike), ein Tandem gibt's für ca. 11 €; wochenweise gemietet sind sie erheblich billiger. Für einen Museumsbesuch muss man in der Regel 2,50 € veranschlagen, die hochkarätigen Museen in Wilhelmshaven wie beispielsweise das neue Küstenmuseum mit wal.welten und Oceanis sind deutlich teurer (6–11 €). In solchen Ausnahmefällen sind die Preise im Buch angegeben.

Reisezeit/Klima

Der Einfluss des Meeres und der wärmende Golfstrom bescheren der Küste

Gut zu wissen

ein verhältnismäßig mildes Klima ohne extreme Temperaturgegensätze. Im Sommer sind schwüle und drückend heiße Tage selten, in den Wintermonaten liegen die Durchschnittstemperaturen über dem Gefrierpunkt. Charakteristisch für die Küste ist der meist aus westlichen Richtungen kommende, oft stürmische Wind.

Die beliebteste Reisezeit liegt zwischen Mai und September. Von den Osterferien bis zu den Herbstferien sind alle Museen, Schwimmbäder, Hotels, Pensionen und Campingplätze geöffnet. Für Familien mit Kindern, die gerne Buddeln und Baden, sind die Hauptferienmonate Juli und August.
Was die Natur anbelangt, bieten Frühjahr und Herbst die schönsten Stimmungen. Wenn die Zugvögel auf dem Weg zu ihren Brutgebieten bzw. Winterquartieren im Wattenmeer rasten, ist das Vogelleben am interessantesten.

Souvenirs

Maritimen (internationalen) Schnickschnack gibt es in allen Souvenirläden. Kinder freuen sich über beklebte Muschelkästchen, Buddelschiffe, Piratenfahnen usw., Leckermäuler über Bonbons in Gestalt von Möweneiern oder Muscheln aus Schokolade. Überall entlang der Küste kann man auch hervorragendes Kunsthandwerk erstehen. Gern gekauft sind Produkte vom Schaf – Radfahrer sind spätestens am dritten Tag fällig für einen flauschigen Schaffellsattelschoner. In Galerien dominieren Werke mit Nordseemotiven.

Tee ist ostfrieslandtypisch: Auf der Beliebtheitsskala ganz oben rangieren verschiedene Teesorten, die Namen tragen wie Schietwettertee, Rote Grütze usw. In den Teeläden findet man auch das feine ostfriesische Teeservice aus Porzellan. Den Abschiedsschmerz vertreibt eine Buddel aus dem hohen Norden: Watt'n Geist, Moorfeuer, Nordsee-Geist..., die in jedem Supermarkt zu finden sind. Bier aus der Jever-Brauerei gibt es bundesweit zu kaufen.

Frisch gefangener Granat und geräucherter Fisch kann am letzten Urlaubstag erstanden werden.

Störtebeker

Aus dem Leben von Deutschlands berühmtestem Piraten, der angeblich 6 l Bier hinunterstürzen konnte, ohne abzusetzen (Störtebeker = ›Stürz den Becher‹), ist wenig bekannt, seine Existenz bis heute nicht eindeutig nachgewiesen. In Klageschriften der Engländer über die Piraterie in der Nordsee wird in den Jahren 1394–99 immer wieder Klaus Störtebeker genannt. Die Rufus-Chronik erwähnt einen ›Clawes Störtebeker‹, der vor Helgoland gefangengenommen und in Hamburg hingerichtet wurde.

Watt

Von der Vielfalt hoch spezialisierter Lebewesen, die das Watt bevölkert, ist für den unerfahrenen Wattwanderer wenig zu sehen. Vom Strand schweift der Blick über die weiten, trockengefallenen Flächen, nur ein paar angetriebene Algen und Muschelschalen finden sich. Der Eindruck täuscht, denn bei Niedrigwasser zieht sich alles, was im Watt kreucht und fleucht, in den schützenden Boden zurück. Doch die Kleinstlebewesen hinterlassen ihre Spuren in Form von stecknadelkopfgroßen Sandhaufen, spaghettigleichen Sandkotringeln, feinen Trichtern, sternförmigen Kratzspuren. Die Teilnahme an einer geführten Wattwanderung öffnet einem Herz und Augen für die graue, nur scheinbar leblose Schlickwüste: Man sieht nur, was man weiß.

Feste & Unterhaltung

Duhner Wattrennen

Feiertage

1. Januar: Neujahr
Karfreitag
Ostermontag
1. Mai
Christi Himmelfahrt
3. Oktober: Tag der Deutschen Einheit
25. Dezember: 1. Weihnachtstag
26. Dezember: 2. Weihnachtstag

Feste & Events

März/April
Osterfeuer: Vielerorts werden noch Osterbräuche gepflegt. Auf den Deichen entlang der Küste und auf den Inseln brennen fast überall am Ostersamstag, seltener am Sonntag, unzählige Osterfeuer. Für Kinder steht u. a. Eiersuche auf dem Programm. Beim Eiertrüllen rollt man die Eier um die Wette den Deich herunter. Beim Eierbicken stoßen zwei Gegner hartgekochte, bunt bemalte Eier gegeneinander. Wessen Schale zuerst knackt, hat sein Osterei an den Kontrahenten verloren.
Fisch Party: Bei diesem Wochenendfest Ende April im Schaufenster Fischereihafen in Bremerhaven dreht sich alles um Fisch und Schiffe. Es gibt natürlich jede Menge Köstlichkeiten aus Neptuns Reich; Shanties und Schiffsbesichtigungen gehören ebenfalls zum Programm.

Mai/Juni
Maibaum aufstellen: Am Abend vor dem 1. Mai werden überall Maibäume aufgestellt. Ein frisch geschlagener Birkenstamm (oder eine lange Stange) wird mit einem Kranz aus Tannengrün und bunten Bändern geschmückt.
Krummhörner Orgelfrühling: Im Mai bespielen internationale Künstler historische Orgeln. Unter dem Titel ›Himmlische Klänge‹ gibt es Konzerte in den Warfendörfern Groothusen, Jennelt, Pilsum und Uttum, Info: www.greetsiel.de
Oll'Mai: Am 10. Mai wird der Ostfriesische Nationalfeiertag gefeiert. In Aurich stehen Vorträge und Wettspiele auf dem Festprogramm.
Emder Matjestage: Ende Mai/Anfang Juni treffen sich in Emden nicht nur die Fischliebhaber. Ein Höhepunkt: Oldtimertreffen historischer Schiffe, Shantychöre singen Lieder von der Seefahrertradition der Ostfriesen. Das Matjes-Fest erinnert an die über 450 Jahre alte Emder Heringsfischerei.
Boßeln: In Pilsum am Deich wird im Sommerhalbjahr jeden Sonntag um 9 Uhr geboßelt (siehe auch Eintrag Dezember), Gäste sind immer willkommen.

Feste & Unterhaltung

Juli
Wochenende an der Jade: Am ersten Juliwochenende zelebriert Wilhelmshaven ein Stadt- und Hafenfest mit vielen verschiedenen Aktionen: Kinder- und Straßentheater, Musik, Comedy und Artistik, ›Open-Ship‹ auf den Museumsschiffen und Marinefregatten. Windjammer-Parade auf der Weser: In jedem Jahr ist Bremerhaven Treffpunkt für die schönsten und größten Rahsegler der Welt.

Juli/August
Duhner Wattrennen: Ein traditionsreiches Spektakel, seit 1902 starten Traber und Galopper auf dieser einzigartigen Pferderennbahn auf dem Meeresboden in Cuxhaven-Duhnen. Mindesteinsatz beim Wetten beträgt 3 €. Vielfältiges Rahmenprogramm mit vielen Musikgruppen.

Musikalischer Sommer in Ostfriesland und Dollart: ›Frisia cantat‹, in der Ems-Dollart-Region wird die Musik ganz groß geschrieben. Konzerte in Kirchen, Schlössern, Burgen, Bibliotheken und Gulfscheunen. Zum Orgelfestival bieten der Verein für Orgel- und Musikkultur in der Ems-Dollart-Region und die Kulturagentur Ostfriesische Landschaft Vorträge, Orgelexkursionen und Konzerte, Info: Ostfriesische Landschaft Kulturagentur, Georgswall 1–5, 26603 Aurich, Tel. 049 41/17 99 67, www.ostfriesischelandschaft.de

Schlickschlitten-Rennen in Pilsum: Früher fuhren die Fischer mit ihren Schlitten hinaus über den Wattenschlick, um den frisch gefangenen Fisch aus den Reusen zu holen. Aus der alten Tradition, die heute nur noch einige Hobbyfischer aufrecht halten, hat sich ein ungewöhnlicher, sportlicher Wettkampf entwickelt: Ende Juli, meist aber im August wird die norddeutsche Meisterschaft in Pilsum ausgetragen – jeder kann mitmachen. Prämiert werden nicht nur die schnellsten Schlickrutscher, sondern auch die originellsten Kostüme. Info unter www.greetsiel.de

Hafenfest und Kutterregatta: Die Veranstaltungen in Neuharlingersiel (Juli), Carolinensiel, Greetsiel und Norddeich (August) zählen zu den schönsten an der Küste. Nirgendwo bietet sich eine bessere Gelegenheit, die Küstenbewohner kennen zu lernen. Sie sind ein Völkchen für sich und haben viele alte Bräuche und Traditionen bewahrt. Schon mal vormerken: Das **Internationale Festival der Windjammer** vom 10.–14. August 2005 in Bremerhaven. Geladen sind prächtige Vollschiffe aber auch Barken, Brigantinen, Briggs, Schoner, Kutter, Tjalken und Jachten aus 30 Windjammer-Nationen. Flaggschiff der Sail ist die ›Gorch Fock‹, seit 1986 das Segelschulschiff der Deutschen Marine.

September
Plum'n Markt: An einem Wochenende Ende August/Anfang September, zur Zeit der Pflaumenreife, wird in Altfunnixsiel der 300 Jahre alte ›Kram-, Flachs- und Handelsmarkt‹ abgehalten. Unbedingt probieren sollte man lokale Spezialitäten wie Pflaumenschnaps, Pflaumenpfannkuchen oder Schweinerippchen mit Backpflaumen.

Blütenfest in Wiesmoor: erstes Septemberwochenende. Höhepunkte sind der farbenprächtiger Blumenkorso mit Festwagen, die mit Millionen Dahlienblüten geschmückten sind, und die Wahl der Blütenkönigin. Grundstein für die Entwicklung Wiesmoors zur Blumengemeinde waren die Hochmoore in der Umgebung. Mit einem Torfkraftwerk wurde Strom erzeugt, die Abwärme des Kraftwerkes wurde zum Heizen

Feste & Unterhaltung

großer Gewächshausanlagen genutzt. Die Wiesmoorer Blumenhalle mit ständig wechselnden Arrangements aus über 10 000 Pflanzen und Gehölzen sowie die Gärtnereien sind von März–Okt. tgl. zu besichtigen, Info: www.wiesmoor.de, www.bluetenfest.de

Dezember

Weihnachtsmärkte: Von Ende November bis Weihnachten werden in den meisten Städten und größeren Orten Weihnachtsmärkte abgehalten. Viel besucht ist der ›Lüttje Greetmer Weihnachtsmarkt‹, der an einem Wochenende Anfang Dezember in Greetsiel stattfindet. In der Adventszeit ist der Hafen von Carolinensiel wunderschön geschmückt.

Boßeln und Klootstockschießen: Die traditionellen Sportarten sind ein geselliges Sonntagsvergnügen, vor allem im Winterhalbjahr: ›Lüch up und fleu herut!‹ heißt das Motto, wenn Mann gegen Mann, Dorf gegen Dorf zum Klootstockschießen antreten. Die Mannschaften versammeln sich möglichst direkt hinter dem Deich, von dort geht es über hart gefrorene Marschwiesen querfeldein. Das Ziel des Spiels besteht darin, den Kloot, eine mit Blei ausgegossenen Holzkugel von einem Absprungbrett so weit wie möglich zu schleudern. Die Zuschauer, die ›Käkler un Mäkler‹ feuern die Sportler an. Sie sind auch beim Boßeln auf der Landstraße dabei. Auch hier muss eine Holz- oder Hartgummikugel möglichst weit geworfen werden: mit reichlich Anlauf wird sie wie beim Kegeln vorwärts getrieben und jeweils dort wieder aufgenommen, wo sie liegen bleibt. Die Mannschaft hat gewonnen, die die wenigsten Würfe für eine bestimmte Strecke braucht. Außer in Ostfriesland wird nur noch an der Nordseeküste Schleswig-Holstein, in den Niederlanden und in Irland geboßelt. Diese vier Regionen tragen alle 4 Jahre untereinander die Europameisterschaften aus, 2004 (in Westerstede/Ammerland), 2008...

Ostfriesisches Sonntagsvergnügen: Boßeln

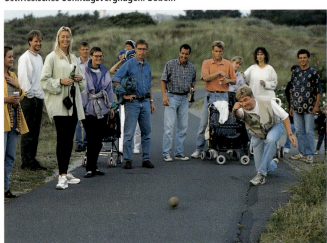

Unterwegs mit Kindern

Reisezeit

Die beliebteste Reisezeit für Familien sind die Bademonate Juli und August. In dieser Zeit wimmelt es an der Nordseeküste von Kindern. Es ist also kein Problem, auf dem Campingplatz oder am Strand gleichaltrige Freunde zu finden. Spontan anreisen und eine preisgünstige Ferienwohnung finden, kann man dagegen getrost vergessen. Ein freies Plätzchen findet man an sonnigen Sommerwochenenden nur noch auf Campingplätzen, und manchmal nicht mal das – und auf den Inseln ist es völlig aussichtslos. Wer mit Kindern Ferien macht, die noch nicht schulpflichtig sind, sollte Schönwetterlagen im Mai, Juni oder September nutzen. Dann geht es geruhsamer zu, und es lässt sich dennoch wunderbar im Sand buddeln, spazieren gehen und auch baden.

Spaß am Meer

Bei schönem Wetter lockt das Meer. Hier können die Kleinen nach Herzenslust baden, buddeln, matschen und Muscheln suchen – im Sand oder im Watt. Der Ferienalltag ist aufregend: mal ist das Meer da, mal ist es weg. Bei Niedrigwasser kann man auf dem Meeresboden spazierengehen, mit dem Kescher in Prielen nach Krabben fischen oder Seesterne suchen. Kinderwattwanderungen oder Basteln mit Strandfunden stehen in allen Ferienorten auf dem Programm.

Die Strandlandschaft ist vielfältig: grün oder weiß – an der Küste Ostfrieslands hat man meistens die Wahl. Aufgeschüttete Sandstrände gibt es an fast jedem Hafenort Ostfrieslands. Wen es nervt, wenn der Sand am frisch eingecremten Popo klebt, sollte Grünstrand wählen mit kurzgeschorenem Deichrasen und häufig friedlich blökenden Schafen in der Nähe.

Nützliches für den Strandurlaub

Einige der für einen Strandurlaub unentbehrlichen Dinge wie Strandspiele oder ein Schlauchboot sollte man von Zuhause mitbringen. Es fließt noch genug Geld für Piratenflaggen, Kescher und Schnorchel. Die Lust am Kauf der knallbunten Strandutensilien, Drachen und Schwimmtiere nimmt mit jedem Urlaubstag zu. **Strandkörbe**, die es an allen bewachten Stränden zu mieten gibt, bieten Schutz vor Sonne und Wind. Bestückt mit einer Fahne dienen sie als weithin sichtbarer Wegweiser für die Lütten. Kostengünstiger ist es, ein Strandzelt und/oder einen Sonnenschirm von Zuhause mitzubringen. Ohne Sonnenschutz geht es nicht.

An der Küste weht meist ein leichter Wind. Das führt leicht dazu, dass man die Kraft der Sonne unterschätzt. Kinder müssen unbedingt eingecremt werden, am besten mit einem **hohen Lichtschutzfaktor** zwischen 20 und 30. Die ganz Kleinen, die noch im Kinderwagen liegen, brauchen einen **Sonnenschirm**. Angenehm ist auch ein helles Tuch, das man über den Wagen ausbreiten kann, wenn Hitze und Lärm zuviel werden. Unentbehrlich für größere Kinder ist ein **Sonnenhut und ein T-Shirt**, das die Schultern bedeckt. Man sollte bedenken, dass das Wasser die Sonne reflektiert.

Wer den Tag am Strand verbringt, ist mit einer **Kühlbox** gut beraten. Einiges an Proviant sollte man immer dabei haben, die Nordseeluft macht hungrig, und Gesundes wie Obst und geschnip-

Unterwegs mit Kindern

peltes Gemüse für Zwischendurch kann auch nicht schaden. Eis und Pommes gibt's an der Bude.

Zu jeder Jahreszeit gehören **Regenzeug** und **Gummistiefel** ins Gepäck.

Kinderhäuser, Spielscheunen und Spaßbäder

In den Sommerferien wird Kindern allerorten ein prallgefülltes Programm geboten: Kinderwattwanderungen, Ralleys und Strandolympiaden, Bastelnachmittage, Märchenstunde, Zauberer und Puppentheater. Ganzjähriges Vergnügen bieten die gut ausgestatteten Kinderhäuser und Spielscheunen, in denen die Kids nach Herzens Lust spielen, basteln und toben können (s. Orte von A–Z). Bei schlechtem Wetter locken in vielen Orten Spaß- und Erlebnisbäder.

Maritime Ausflugsziele

Immer etwas zu entdecken gibt es in den bunten Fischerhäfen. Der Sommer ist Regatta-Saison: Anlässlich von Hafenfesten nehmen die Fischer Gäste an Bord. Erlebnisreich sind auch Ausflüge auf die Ostfriesischen Inseln: Zuerst die Schifffahrt durch das Wattenmeer, dann die offene Nordsee mit der großen weiten Welt am Horizont und die Inseln mit endlosen weißen Sandstränden zum Buddeln und Baden.

Von fast jedem Hafen werden Fahrten zu den Seehundbänken angeboten. Oftmals gehört dazu ein Schau-Fischfang. Wenn das triefende Netz an Bord gehievt wird und sich ein wimmelnder, wuselnder Strom in eine mit Wasser gefüllte Kiste ergießt, wird sichtbar, was sonst verborgen am Meeresgrund lebt: Krebse, Schollen, Seesterne, Seeigel, Seeskorpione. In kindgerechten Ausstellungen des Nationalparkamtes lernen die Kleinen, die Natur und das Wattenmeer kennen, erfahren alles Wissenswerte über Wattwürmer und Zugvögel, ertasten seltsame Muscheln und Strandfunde. In der Seehundaufzucht- und Forschungsstation in Norddeich können sie sogar beim Füttern der Seehunde zuschauen.

Kinderfreundliche Unterkünfte

Ferientage wie sie Kindern gefallen – auf dem Land oder am Meer – die Nordseeküste Ostfriesland bietet beides. Wohnen auf dem Bauernhof im Land hinter dem Deich ist nicht nur für Stadtkinder ein Traum: Treckerfahren, im Heu toben, mit Katzen und Lämmern kuscheln und vielleicht sogar ein Ausritt auf einem Pony. Manche Höfe sind sehr einfach und ursprünglich. Kinder werden hier vielfach in den Arbeitsalltag mit einbezogen, dann wieder gibt es Höfe, die ein professionelles Animationsprogramm für Kinder anbieten. Auch die Heuhotels sind ganz auf junge Gäste eingestellt, die es spannend finden, im Schlafsack auf Heu und Stroh zu übernachten (s. S. 25). Die meisten Familien mit Kindern wählen Ferienwohnungen oder -häuser, Apartments oder Campingplätze als Domizil für einen längeren Urlaub. Wichtig ist eine Kochmöglichkeit. Immer auswärts zu essen, ist nicht nur teuer, sondern häufig auch etwas einseitig. Eine strandnahen Unterkunft bietet den Vorteil, dass man mit dem Rad oder dem Bollerwagen ans Meer ziehen kann.

In vielen Gastgeberverzeichnissen sind kinderfreundliche Unterkünfte gesondert gekennzeichnet. Die Beschreibungen sind ausführlich genug, um beim gemeinsamen Studium der Verzeichnisse ein Domizil zu finden, die den gesammelten Bedürfnissen aller Familienmitglieder entspricht.

Essen gehen

In den meisten Restaurants sind Kinder willkommen und in vielen liegen Spiele oder Malutensilien bereit. Fast überall stehen Kindergerichte auf der Karte, am häufigsten Fischstäbchen, Spaghetti und Pommes, nicht sehr vielfältig – aber eigentlich doch genau das, was die meisten Kinder möchten. Allzuviel Aufmerksamkeit sollte man in der Hauptsaison für die kleinen Gäste aber nicht erwarten, dann sind alle Bediensteten froh, wenn ihnen keiner der Zwerge in den Weg stolpert.

Kinderabenteuer in den großen Seestädten

Es gibt Tage, da hat man genug vom Regen oder von der Sonne, vom Strand oder vom Radfahren im grünen Land hinter dem Deich. Es ist zu nass oder zu heiß. Oder man ist einfach wissbegierig und hat Lust, den Duft der großen weiten Welt zu schnuppern. Die Seestädte entlang der Küste bieten spannende Attraktionen für die ganze Familie und lohnen auch eine längere Anfahrt. Nicht nur die Häfen mit alten Windjammern und modernen Kreuzfahrtschiffen locken, sondern ebenso hochkarätige Museumsmeilen – hier muss man einen ganzen Tag einplanen – Mama, Papa, Kids, Teenies und Twens kommen auf ihre Kosten – für jeden ist etwas dabei:

Bremerhaven: Die vielfältigen Attraktionen der ›maritimen Seemeile‹ liegen in Fußentfernung voneinander entfernt. Eisbärenjunge kann man im Zoo am Meer bestaunen, Buddelschiffe und Klabautermänner im Deutschen Schifffahrtsmuseum. Im Museumshafen liegen verschiedene Schiffe vor Anker, die erkundet und erklettert werden dürfen. Wer mag, kann zwischendurch eine Hafenrundfahrt einplanen. In der Phänomenta (Karlsburg 9, Di–So 11–7 Uhr) lernen Große und Kleine durch einfache Experimente erstaunliche Phänomene aus Natur und Technik kennen (s. S. 40ff.).

Cuxhaven: Was Museen angeht ist die Hafenstadt schlechter bestückt als ihre Nachbarinnen. Berühmt ist sie für feinen, natürliche Sandstrände, und bei schlechtem Wetter bietet das Ahoi-Erlebnisbad tideunabhängigen Badespaß. Bemerkenswert ist das Wrackmuseum. Am Steubenhöft, dem alten Amerika-Bahnhof, verkündet der Schiffsansagedienst Herkunft und Ladung der vorbeiziehenden Schiffe aus aller Welt (s. S. 53ff.).

Wilhelmshaven: Die Stadt an der Jade lohnt einen Tagesbesuch, auf den sich die ganze Familie freuen kann. Fast alle Museen liegen am Südstrand und sind bequem zu Fuß zu erreichen, bei schönem Wetter kann man zwischendurch baden. Die Eintrittskarten sind nicht ganz billig, doch das spannende und vielseitige Angebot der Museen lohnt die Investition: Über Seehunde und Seepferdchen, das Wattenmeer und die Weltmeere erfährt man Wissenswertes im Aquarium und im Nationalparkhaus Das Wattenmeer. Prickelndes Abenteuer in den Tiefen des Ozeans verspricht Oceanis – 100 m unter Null. Klasse ist auch das Piratenamuseum (s. S. 92ff.).

Übernachten

›Voll Cool‹: Übernachten im Heuhotel

Preise & Rabatte

Die Auswahl reicht vom preiswerten Privatzimmer in einer einfachen Pension über gemütliche Ferienwohnungen, moderne Apartmentanlagen bis hin zum Luxushotel mit Wellnessabteilung und Gourmetrestaurant. Die im Reiseteil des Buches angegebenen Preise beziehen sich auf die Hauptsaison – Übernachtung pro Person mit Frühstück bzw. Preis pro Wohneinheit. In der Nebensaison gibt es erhebliche Preisnachlässe, bei Ferienwohnungen sogar bis zu 50 %.

Preisbestimmend ist auch die Lage des Ferienortes: Günstiger sind die Unterkünfte weiter im Binnenland, kein Problem für all diejenigen, die nicht nur am Strand liegen, sondern auch viele Ausflüge unternehmen möchten. Wer einen Strandurlaub plant, hat es natürlich bequem, wenn er in Fahrradentfernung zum Strand wohnt – zumal strandnahe Parkplätze gebührenpflichtig sind.

Pauschal oder individuell?

Bei der privaten Suche nach einem passenden Quartier helfen die reich bebilderten und informativen Gastgeberverzeichnisse, die auf Anfrage von der Tourist-Information bzw. der Kurverwaltung verschickt werden (Adressen s. Orte von A–Z). Während man in der Hauptsaison vor Ort kaum noch ein freies Bett, geschweige denn eine Ferienwohnung bekommt, gibt es in der Vor- und Nachsaison im Mai, Juni und Sept. noch genügend freie Unterkünfte. Auf freie Zimmer/Ferienwohnungen verweisen Schilder an der Straße.

Pauschalreisen werden häufig mit einem interessanten Aktiv- oder Wellnessprogramm kombiniert. Vor allem wer außerhalb der Saison einen Kurzurlaub einlegen will, ist gut beraten, sich nach dem Angebot zu erkundigen, das häufig in ausführlichen Extra-Broschüren beschrieben wird. Auf Anfrage werden sie von der Tourist-Information bzw. der Kurverwaltung verschickt (Adressen s. Orte von A–Z).

Hotels & Pensionen

Das Angebot von komfortablen Hotels mit großzügigen Wellnessabteilungen ist in den letzten Jahren gestiegen; ganz außergewöhnliche Luxusadressen wird man an der Nordseeküste Ostfriesland aber nicht finden. Doppelzimmer gibt es – so man zu zweit reist – zum Teil vergleichsweise günstig, während Einzelreisende ungleich kräftiger zur Kasse gebeten werden. Während Hotels auf Kurzurlauber eingestellt sind, müssen Gäste, die weniger als vier Nächte bleiben, in vielen Pensionen und Gästehäusern mit einem deutlichen Aufpreis rechnen. Zum Teil recht

Übernachten

günstig, ab 14 €, sind Privatzimmer. Hier bekommt man garantiert Kontakt zur einheimischen Bevölkerung.

Ferienwohnungen
Vor allem für Familien mit Kindern ist es ratsam, ein Quartier zu wählen, das die Möglichkeit bietet, selbst Mahlzeiten zu zubereiten. Der Mindestaufenthalt beträgt in der Regel vier Tage, in der Saison in den meisten Fällen eine Woche.

Denkmalgeschützte Häuser
s. S. 75.

Ferien auf dem Bauernhof
Die Auswahl ist groß: Manche Höfe sind sehr einfach und ursprünglich, andere bieten ein Animationsprogramm. Ganz wie es einem gefällt. Kinder können beim Füttern und Melken der Tiere zuschauen, im Heu toben, Trecker fahren, mitunter auch reiten. Über 400 Bauernhöfe, Heuhotels sowie Bett & Box (Urlaub mit dem Pferd) vermittelt die AG Urlaub und Freizeit auf dem Lande e. V., Lindhooperstr. 63, 27283 Verden/Aller, Tel. 043 21/966 50, Fax 043 21/96 65 66, www.bauernhofferien.de.

Jugendherbergen
Jugendherbergen stehen allen offen, Bedingung ist die Mitgliedschaft im Deutschen Jugendherbergswerk (DJH), die auch vor Ort erworben werden kann. Die Schlafräume sind nach Geschlechtern getrennt, Familien und Paare können aber, so Raum vorhanden, gemeinsam übernachten. In der Saison ist eine schriftliche Voranmeldung erforderlich, Übernachtung pro Person mit Frühstück ab ca. 14 € (Senioren ab 27 Jahren zahlen einen Aufschlag von 2,70 €).

Jugendherbergen gibt es in Aurich, Bremerhaven, Carolinensiel, Cuxhaven-Duhnen, Emden, Esens-Bensersiel, Jever, Norddeich, Nordenham, Otterndorf, Schillighörn sowie auf allen Ostfriesischen Inseln außer Baltrum und Spiekeroog. Auskünfte erteilt: DJH-Landesverband Unterweser Ems e. V., Woltmershauserallee 8, 28199 Bremen, Tel. 04 21/59 83 00, Fax 04 21/59 830-55, www.jugendherberge.de/unterweser

Heuhotels
Man übernachtet in Scheunen. Schlafkammern und Betten sind mit Heu gepolstert, das Bettzeug/Schlafsack muss mitgebracht werden. Wasch- und Kochgelegenheit sowie ein Aufenthaltsraum sind vorhanden (Info: s. o., Ferien auf dem Bauernhof).

Camping
Campingplätze findet man überall entlang der Küste, meist nur einen Steinwurf von Strand und Hafen entfernt. Viele Plätze liegen vor dem Deich, d. h. sie sind nicht winterfest und nur von Mai bis September geöffnet.

Trekking-Hütten

Einfache, zweckmäßige Unterkünfte für Radfahrer und Kanuten bieten Trekking-Hütten. Derzeit sind 24 Hütten in Ostfriesland im Bau bzw. schon fertig gestellt. Schlafsack, Isomatte bzw. Luftmatratze müssen mitgebracht werden, sanitäre Anlagen sind meist im Nebengebäude untergebracht. Eine Trekking-Hütte bietet Platz für 6–8 Personen. Der Übernachtungspreis beträgt pro Person ab 8 €, in der Trekking-Hütte der Jugendherberge Emden gilt der Jugendherbergspreis. Information u. a. im Radmagazin ›Rad up Pad‹, www.ostfriesland.de

Essen & Trinken

Eine Spezialität an der Küste: geräucherte Aale

»Eeten un Drinken holt Liev und Seel tosamen!«

Mit diesen Worten forderte man früher gerne dazu auf, tüchtig zuzulangen – die harte körperliche Arbeit im rauen Klima verlangte nach nahrhaften Speisen. Nach einem Deichspaziergang fällt das Zulangen auch heute nicht schwer: Die Nordseeluft macht Appetit.

Die Menschen an der Nordseeküste lieben deftige Speisen. Frische Produkte bilden die Grundlage für eine jahreszeitlich orientierte Küche. Im späten Frühjahr lockt zart-würziges Deichwiesenlamm, im Frühsommer der Matjes. Im Herbst bereichern Wildspezialitäten wie Reh und Ente die Speisekarten.

Typisch Küste

Überaus reich ist das Angebot an **Fisch** und **Meeresfrüchten.** Ein Großteil des angebotenen Fisches stammt aus dem Nordatlantik und wird in den beiden größten deutschen Fischereihäfen, Cuxhaven und Wilhelmshaven, angelandet. Kleinere Fischkutter gehen von den Sielhäfen in küstennahem Gewässer auf Fang und beliefern u. a. die Fischereigenossenschaften vor Ort – nirgendwo gibt es frischeren Fisch und Krabben.

Nordseekrabben

Sie werden in Ostfriesland auch Granat genannt. Genau genommen ist die Krabbe, (lat. crangon vulgaris) eine Garnele. Einheimische und Urlauber lieben sie gleichermaßen, und sie können unbesorgt in großen Mengen genossen werden, denn Krabben sind nicht nur reich an Eiweiß und Mineralstoffen, sondern auch arm an Kalorien und Fett. Spätestens seit dem 17. Jh. war die Krabbe fester Bestandteil des Speiseplans der Küstenbewohner. Zunächst wurde sie zu Fuß bei auflaufender Flut im Watt mit der so genannten Gliep, einem kescherartigen Netz gefangen. Seit Ende des 19. Jh. fahren die Fischer mit Krabbenkuttern auf Fang. Noch während der Fahrt, unmittelbar nach dem Fang, werden die Krabben in Nordseewasser abgekocht, erst jetzt erhalten die grauen Tierchen ihre zart rosa Färbung. Frische Krabben kauft man meist ungeschält. Eine Tüte Krabben zu pulen, gehört zu einem Nordseeurlaub einfach dazu. Lecker sind sie auf Brot: Auf ein mit Butter bestrichenes Stück Schwarzbrot wird eine Portion Krabben gehäuft und mit einem Spiegelei bekrönt. Auch auf gebratenem Butt, als Salat und in Bratkartoffeln sind sie lecker. Krabbenrezepte gibt es noch und nöcher.

Matjes und Maischollen

Von Mai bis Anfang Juni hat der neue Matjes Saison, ein Leckerbissen! Mat-

Essen & Trinken

jes isst man traditionellerweise so: Matjes am Schwanz fassen und ihn »sutje in die Luke runterlassen«. Auf der Speisekarte findet man frischen oder gebratenen Matjes. Eine Delikatesse sind Matjesheringe in Sahnesoße mit Pellkartoffeln und grünen Bohnen.

Köstlich sind frische Maischollen. Sie werden auf vielfältige Art zubereitet: gedünstet, gedämpft, gebraten, im eigenen Saft mit leichter Senfsoße oder deftig mit Speckstippe. Aal kann man fast überall bekommen oder auch selbst angeln, es gibt ihn in vielen Seen und Küstengewässern. In Butter gebraten wird er in vielen Lokalen serviert. Bekannt ist der Zwischenahner Räucheraal.

Nicht lang schnacken

Mit dem ersten Frost beginnt die Grünkohl-Saison. Der Frost ist wichtig, denn er wandelt die Bitterstoffe des Grünkohls in Zucker um. Grünkohl-Essen stehen allerorten auf den Veranstaltungsprogrammen: Vereine, Betriebe und private Gruppen besetzen die Lokale. Zubereitet wird der **Grünkohl**, auch ›Oldenburger Palme‹ genannt, regional unterschiedlich – mit Speck, Kasseler oder Pinkel, einer geräucherten Wurst aus Speck, Zwiebeln und Hafergrütze. Um die kalorienreichen Gelage besser zu verdauen, trinkt man frisch gezapftes Bier und einen hochprozentigen Klaren, an der Küste auch ›Friesenwein‹ genannt. Gerne kippt man die beiden im Wechsel, nach dem Motto: ›Nicht lang schnacken, Kopf in den Nacken!‹

Aus Jever stammt das gleichnamige, friesisch-herbe Bier, das mit seiner Werbekampagne den Leuchtturm von Pilsum berühmt gemacht hat.

Ostfriesische Leidenschaften

Zu den süßen Spezialitäten Norddeutschlands zählt **Rote Grütze** mit frischer Sahne oder Vanillesoße. Auf jeder Speisekarte zu finden ist **Milchreis,** ein einfaches Zwischengericht, das oft mit Früchten oder Beeren serviert wird. Eine Sünde wert ist die **Ostfriesentorte,** gefertigt aus Biskuitboden, Schlagsahne und in Rum eingelegten Rosinen. ›**Jeversche Leidenschaft**‹ ist ein in Brezelform gebackenes, zartes Gebäck aus süßem Blätterteig, das wie auch der in blauweißer Packung angebotene ›Friesenkeks‹ (trockenes Teegebäck) ein beliebtes Reisesouvenir ist. Auch **Tee** ist ein begehrtes Präsent, Schietwettertee steht ganz oben auf der Wunschliste der Urlaubsgäste. Die Teetrinker an der Küste halten sich an die bewährten Ostfriesenmischungen. Tee ist das Nationalgetränk der Küstenbewohner. Während der Bundesbürger im Durchschnitt 220 g Tee pro Jahr trinkt, sind es in Ostfriesland fast 7 Pfd. pro Kopf – da kommen auch die Engländer nicht mit.

Spätestens wenn im Herbst die Nebel aufkommen und der nass-kalte Wind aus Westen bläst, ist es Zeit für heiße Köstlichkeiten: Teepunsch, Friesenfeuer, **Grog** nicht zu vergessen: Auf mehr und minder viel Rum kommt heißes Wasser und Zucker. An der Küste gilt das alte Grogrezept: ›Rum muss, Zucker darf, Wasser kann.‹

Krabbenpulen

Man nehme Kopf- und Schwanzende der Krabbe, verdrehe beide (auf Höhe des dritten Ringes von unten) gegeneinander, bis es zart knackt, und ziehe dann die Hülle ab, die das Schwanzende umgibt. Wer den Dreh raus hat, gewinnt rasch an ›pulerischer‹ Schnelligkeit.

Kulinarisches Lexikon

Typische Gerichte

Birnen, Bohnen und Speck Typisch norddeutsches Gericht, süß und deftig.

Bookweetenschubber Pfannkuchen aus Buchweizenmehl, Eiern, häufig angereichert mit durchwachsenem Speck, kaltem Kaffee oder kaltem Schwarzen Tee.

Deich- und Salzwiesenlamm Das Fleisch der heimischen Deichlämmer, die auf Salzwiesen geweidet haben, ist besonders zart und aromatisch. Die kulinarische Lammzeit beginnt Ende Mai, Anfang Juni.

Himmel und Erde Kartoffelpüree mit gebratener Blutwurst, Zwiebelringen und zu stückigem Mus gekochten Äpfeln.

Karmelkbree Leicht säuerlicher Buttermilchbrei mit Graupen, den man mit einem kräftigen Schuss Rübensirup isst.

Kohl und Pinkel Grünkohl wird zusammen mit verschiedenen Würsten und Fleischsorten, z. B. Kasseler, Schweinebacke, Rippchen gekocht. Pinkel ist eine geräucherte Wurst aus Gewürzen, Speck, Flomen (Schweinebauchfett), Zwiebeln und vor allem Hafergrütze. Die ›modernen‹ Grünkohlrezepte verzichten gerne auf die sehr fetten Fleischzugaben, deren Genuss man nur mit viel Alkohol kompensieren kann.

Labskaus Ein typisches Seemannsgericht – dieser regional unterschiedlich zubereitete Eintopf basierte auf Nahrungsmitteln, die sich an Bord auch auf langer Fahrt konservieren ließen. Die Grundlage bilden Kartoffeln, Zwiebeln, Corned Beef und Rote Bete, dazu gibt es saure Gurken, Salzheringe und ein Spiegelei.

Matjes Junge Heringe, die nach dem Fang etwa acht Wochen bei Temperaturen zwischen 6 und 15 °C in einer milden Salzlake ›heranreifen‹.

Pannstipp/Pantjestipp Dieser Dip eignet sich zum Eintunken, z. B. zu Pellkartoffeln. Durchwachsener Speck und Zwiebeln werden in einer Mehlschwitze gebraten und dann mit viel Milch abgelöscht. Früher kam die Soße mitsamt der Pfanne auf den Tisch, die Umsitzenden konnten ihre Pellkartoffeln einstippen – daher der Name.

Scholle Finkenwerder Art Gebratene Scholle mit Speck.

Sniertjebraa Schweinenacken in große Stücke geschnitten, mit Pfeffer und Piment eingerieben, in Schweinefett angebraten und mit ganzen Zwiebeln geschmort. Das Gericht wurde in Ostfriesland ursprünglich nur am Abend nach dem Schweineschlachten gegessen.

Speckendicken Pfannkuchen aus Weizen- und Roggenmehl, zubereitet mit Eiern und Schinkenspeck. Man serviert ihn gerne mit Zuckerrübensirup.

Steckrübeneintopf Steckrüben gewürfelt, mit selbst gemachtem Kartoffelpüree und Lamm- oder Rindfleisch.

Updrögt Bohnen Getrocknete Bohnen werden eingeweicht und mit durchwachsenem Speck und Mettwürstchen gekocht. Bohnen waren neben den Kartoffeln lange das Hauptnahrungsmittel an der Küste.

Desserts, Süßes, Getränke

Bohntjesopp Die ›Bohnensuppe‹ ist wenig geeignet, den Hunger zu stillen. Das kräftig berauschende Getränk wird – mit Branntwein, Rosinen und Kandis angesetzt – zu vielen Feierlichkeiten serviert.

Ostfriesentorte Torte mit Biskuitboden, viel Schlagsahne und in Rum eingelegten Rosinen.

Riesbree Milchreis mit Rosinen.

Rode Grütt Die Rote Grütze wird zubereitet aus roten Beeren und mit frischer Sahne oder Vanillesoße übergossen. Fürstlich schmeckt zu Roter Grütze: eine frisch gebackene Waffel, auf der einen Kugel Vanilleeis sanft dahinschmilzt.

Stuten Feines Weißbrot mit Rosinen oder Korinthen, dick geschnitten und mit Butter bestrichen, in Ostfriesland isst man den Stuten auch gerne mit einer Scheibe Käse.

Rezepte
Buchweizenpfannkuchen

500 g Buchweizenmehl
0,5 l kalter Schwarzer Tee
3 Eier
Salz, Zucker
200 g durchwachsener Speck
Butterschmalz

Das Buchweizenmehl mit dem Tee, den Eiern, Salz und Zucker zu einem Teig verrühren und mehrere Stunden zugedeckt bei Zimmertemperatur quellen lassen. Speck kleinwürfeln. Jeweils etwa 1 Esslöffel gewürfelten Speck mit Butterschmalz in der Pfanne anbraten, Teig darüber gießen und auf beiden Seiten goldbraun backen. Gerne wird dazu Zuckerrübensirup gereicht.

Grünkohl – Oldenburger Palme

1 kg Grünkohl (geputzt gewogen)
Salz, weißer Pfeffer, Zucker
1 Zwiebel, Schweineschmalz
0,5 l Fleischbrühe
2 Teelöffel Senf
4 Kasseler Koteletts, 4 Grützwürste
ca. 600 g kleine, runde Kartoffeln

Grünkohl waschen, von den Strünken abzupfen und grob hacken. In einem großen Topf Schmalz erhitzen, gehackte Zwiebeln darin andünsten. Grünkohl dazu geben, ebenfalls kurz andünsten und heiße Brühe zugießen, soviel, dass der Grünkohl knapp bedeckt ist. Mit Salz, Pfeffer und Senf abschmecken, auf niedrige Hitze schalten und ca. 1 Std. köcheln lassen.

Grützwürste und Kasseler Koteletts etwa 15 Min. vor Ende der Kochzeit unter den Kohl legen und mitgaren. Inzwischen Pellkartoffeln kochen und pellen. In einer Pfanne kross braten, salzen und Zucker zugeben. Bei milder Hitze karamelisieren lassen.

Tipp: Grünkohl kann man gut in größeren Portionen kochen, aufgewärmt schmeckt er noch mal so gut.

Rote Grütze

750 kg frische Früchte, beispielsweise:
250 g rote Johannisbeeren
125 schwarze Johannisbeeren
125 g Himbeeren
250 g Erdbeeren oder Sauerkirschen
1 Vanillestange
200 g Zucker
etwas Speisestärke

Johannisbeeren und Himbeeren in 1,5 l Wasser kochen. Den Saft durch ein Sieb in einen Messbecher gießen, die Fruchtmasse durchstreichen. Das so gewonnene Fruchtmark noch einmal mit der Vanillestange und dem Zucker aufkochen lassen und mit der kalt angerührten Speisestärke andicken. Kirschen/Erdbeeren halbieren oder vierteln und vorsichtig unterheben. Die Rote Gütze wird kalt mit Milch, flüssiger Sahne oder Vanillesoße serviert.

Aktivurlaub

Reiter am Strand von Borkum

Angeln
Die Küste ist ein Eldorado für Angler. Die Palette reicht von Süßwasserangeln bis zur Küsten- und Hochseefischerei. Das Angeln im Meer ist kostenlos, in Binnengewässern ist ein Berechtigungsschein erforderlich (meist in den Kurverwaltungen bei Nachweis der Sportfischerprüfung erhältlich). Von allen Küstenhäfen werden Angelfahrten angeboten.

Baden
Das Baden im Meer ist abhängig von Ebbe und Flut. Das bedeutet, dass an heißen Sommertagen das Wasser nicht unbedingt da ist, wenn man es sich am meisten wünscht. Den Tide-Kalender mit den Hoch- und Niedrigwasserzeiten erhält man in der Kurverwaltung. Baden sollte man grundsätzlich nur bei auflaufendem Wasser. Der Ebbstrom bei ablaufendem Wasser kann so stark sein, dass auch geübte Schwimmer ins Meer gezogen werden. Mit Kindern ist man am besten an den von der DLRG bewachten Badestränden aufgehoben. Vom 1. Juni–31. Aug. stehen die Badestrände während der ausgewiesenen Badezeit unter Aufsicht, erkennbar an der flatternden DLRG-Fahne. Die Badezeiten sind angeschrieben. Ein hochgezogener schwarzer Ball bedeutet: Badezeit. Für Kinder und Nichtschwimmer ist die Badesituation zu gefährlich, wenn ein roter Ball zu sehen ist. Zwei rote Bälle bedeuten generelles Badeverbot.

Die Wasserqualität ist an allen Stränden gut: Der ADAC gibt dem Wasser der deutschen Nordseeküste alljährlich die besten Noten. Die schönsten natürlichen Sandstrände an der Festlandküste findet man in Cuxhaven. Traumhafte natürliche Strände und Dünen mit feinstem weißen Sand gibt es auf allen Ostfriesischen Inseln.

Fast alle Badeorte entlang der Küste haben ein Hallenbad oder/und ein Freibad. Zu den schönsten Erlebnisbädern gehören der Nordsee Tropen Parc in Tossens/Butjadingen (s. S. 46), das DanGast Quellbad in Dangast (s. S. 60), das Ocean-Wave Meerwasser-Wellenbad in Norddeich (s. S. 82) und die Nordseetherme Sonneninsel in Bensersiel (s. S. 73).

Boßeln
s. S. 20.

Laufen an der Küste
Watt und Strand sind ideale Orte, um zu joggen, und im Urlaub hat man endlich Zeit dazu. Wer sich alleine nicht aufraffen kann, findet vielerorts Gleichgesinnte, die sich zu gemeinsamen Lauftreffs einfinden, Informationen in

Aktivurlaub

den Kurverwaltungen und Touristen-Informationen.

Der Nordsee-Lauf im Juni soll Tradition werden: Er führt in mehreren Etappen durch Deich- und Wiesenlandschaften zwischen Cuxhaven, Norderney und Greetsiel, nicht jedes Jahr der gleiche Verlauf (2002 von Ost nach West, 2003 von West nach Ost), aber immer ganz nah am Meer. Auskünfte erteilt die ›Nordsee GmbH – Sieben Inseln, eine Küste‹ (s. S. 34), Infos im Internet: www.nordseelauf.de.

Radfahren

Der Nordwesten ist – abgesehen vom Wind, der immer von vorn zu kommen scheint – ein ideales Radfahrerland. Im Sommerhalbjahr sind viele Busse auf den Transport von Fahrrädern eingestellt. In allen größeren Orten findet man Fahrradverleihe mit einem großen Angebot an Hollandrädern, Mountainbikes, Tandems, Kinderrädern, Sicherheitssitzen, Gepäckkörben und Anhängern. Wer wochenweise mietet, kommt erheblich billiger weg. Das Radwege- und Wandernetz ist hervorragend gekennzeichnet. Ausführliche Routenbeschreibungen und Kartenmaterial gibt es im Buchhandel, außerdem bei den Kurverwaltungen und Fremdenverkehrsämtern. Wer längere Touren plant, sollte die Windrichtung bedenken. Besser ist es, den Gegenwind auf dem Hinweg zu haben, als auf dem Rückweg, wenn man schon etwas erschöpft ist.

Fernradwege

Die ›**Nordsee-Fahrradroute**‹ (North Sea Cycle Route) führt durch sieben Länder einmal um die Nordsee: Schottland, England, Niederlande, Deutschland, Dänemark, Schweden und Norwegen. Ihre Länge beträgt ca. 5500 km, Routenlänge in Deutschland 907 km. Beschilderung im ostfriesischen Wegnetz als Routensignet North Sea Cycle Route. Info Tel. 018 05/20 20 96, im Internet: www.northsea-cycle.com.

Rad-Route Dortmund-Ems-Kanal: Der Kanal verbindet das Ruhrgebiet mit der Nordsee, die Radwege verlaufen überwiegend kanalbegleitend, Routenlänge ca. 350 km. Info: Emsland Touristik, Ordeniederung 1, 49716 Meppen, Tel. 059 31/44 22 66, info@emsland-touristik

Themenrouten: Ein Radwanderrundweg vom Feinsten ist die 290 km lange ›**Friesenroute Rad up Pad**‹ (das bedeutet soviel wie ›mit dem Rad unterwegs‹). Sie ist gekennzeichnet mit dem Symbol ›Rad up Pad‹. Ausstattung: Kunst- und kulturhistorische Tafeln, Rastplätze mit pavillonartiger Schutzhütte. Etappen der Tour sind: Norden, Norddeich, Dornumersiel, Aurich, Wiesmoor, Emden Greetsiel, Norden. Info: Ostfriesland Touristik (s. S. 34).

Entlang der ausgeschilderten Radroute ›**Friesische Mühlentour**‹ stehen auf einer Strecke von rund 250 km mehr als 40 Windmühlen. Etappen sind Norden, Esens, Aurich, Wiesmoor, Emden. Mehrere kürzere Rundtouren, u. a. durch die Krummhörn und das 5-Mühlenland-Großefehn, sind möglich. Die

> ### Rad up Pad
>
> Das ›Radmagazin für Ostfriesland‹ enthält Informationen über Rundtouren (für einen oder mehrere Tage) und nennt fahrradfreundliche Unterkünfte, Servicestationen, Fahrradverleihe, Radkarten und viele Reisetipps. Kostenlos erhältlich und auch online zu bestellen bei Ostfriesland-Touristik (s. S. 34).

Aktivurlaub

Touren sind gekennzeichnet mit dem Symbol ›Mühlentour‹. Info: Ostfriesland Touristik (s. S. 34). Radwanderführer zu den beschriebenen Radtouren kann man auch online angucken und bestellen, www.ostfriesland.de.

Etwas außerhalb der in diesem Buch beschriebenen Region liegt die ›**Deutsche Fehnroute‹,** deren Länge 163 km beträgt. Die Rundtour führt durch Moor- und Fehnlandschaft: Etappen sind Wiesmoor, Großefehn, Leer, Papenburg, Rhauderfehn, Elisabethfehn, Remels.
Interessengemeinschaft Deutsche Fehnroute e. V.
Friesenstr. 34, 26789 Leer
Tel. 04 91/666 41, Fax 04 91/28 60
www.deutsche-fehnroute.de.

Wattwandern

Geführte Wanderungen stehen überall entlang der Küste auf dem Programm – manche auch speziell für Kinder. Wer sehr empfindliche Füße hat, sollte Gummistiefel, dicke Socken oder alte Turnschuhe anziehen, sie schützen vor Verletzungen, beispielsweise durch scharfe Muschelränder – schöner aber ist es barfuß. Längere Wanderungen ins Watt sollte man nur mit einem kundigen Führer unternehmen. Das Watt ist gefährlicher, als es aussieht, bei auflaufender Flut kann man schnell vom Land abgeschnitten werden, plötzlich auftretende Sommernebel machen jede Sicht und damit die Orientierung unmöglich. Bei den Führungen erfährt man nicht nur Naturkundliches, sondern häufig auch Anekdoten über die Küstenbewohner.

Reizvoll ist auch die ›**Deutsche Sielroute‹ Wesermarsch,** die u. a. um die Halbinsel Butjadingen führt.

Die vom Naturschutzbund Deutschland e. V. (NABU) entwickelte Radwanderroute ›**Tour Natur‹** führt naturinteressierte Rad-Wanderer auf ausgeschilderten Wegen insgesamt 500 km kreuz und quer durch die ostfriesische Halbinsel. Vom NABU herausgegebene Faltblätter informieren über die Vogelwelt und Möglichkeiten zur Vogelbeobachtung an Dollart, Leybucht und Großem Meer bei Emden.
Naturschutzbund Deutschland e. V.
Regionalbüro Ostfriesland
Forlitzer Str. 121, 26624 Wiegboldsburg
Tel. 049 42/99 03 94
Fax 049 42/91 22 35
www.nabu-ostfriesland.de.

Reiten

Die Nordseeküste Ostfriesland ist Reiterland. Zahlreiche Reiterhöfe bieten Unterricht, Ausritte, Voltigieren und Ponyreiten für Kinder, einige auch Unterkunft für Reiter und Pferd an. Auch auf den größeren Inseln gibt es Reitställe. Ihre Adressen findet man in den Gastgeberverzeichnissen.

Skaten

Ideale Pisten sind die glatt asphaltierten ›Katastrophenwege‹ vor und hinter dem Deich. Aber Achtung: Hier verkehren auch die Radfahrer und die Schafe, Vorsicht Schafschiet!

Die Weser-Inline-Tour im September führt von Bremerhaven nach Bremen: 92 km auf glattem Asphalt, Etappenstopps mit Musik und Getränken. Startpunkt ist der Schaufenster-Fischereihafen in Bremerhaven, weiter geht's über Nordenham, Rodenkirchen, Brake, Berne und Lemwerden bis nach Bremen. Die BIS Bremerhaven Touristik (s. S. 44)

Aktivurlaub

Wellness an der Nordsee

»Wer den neuen Tag ostfriesisch stilecht mit drei kräftigen Tassen Tee beginnt, der hat schon mehr für seine Gesundheit getan, als er vielleicht ahnt.« Die Ostfriesen schwören auf das Teetrinken, Tee gilt als vielseitiger Wellness-Tipp: Seine bioaktiven Stoffe regen das Imunsystem und den Stoffwechsel an. Zudem schwören die Küstenbewohner auf die reine, heilkräftige Nordseeluft und empfehlen ausgedehnte Spaziergänge am salz- und jodhaltigen Meeresstrand. Die Nase im heilkräftigen Wind, die Füße im gesunden Schlick lautet die Devise für's Wohlbefinden.

In allen größeren Ferienorten gibt es Wellnessangebote: Kuren und Wellness an der niedersächsischen Nordseeküste u. a. in der Gesundheits-Oase in **Greetsiel**, im Haus des Gastes in **Carolinensiel**, im Reethaus am Meer in **Dornumersiel**, im Kurhaus in **Neuharlingersiel**. Saunieren im Erlebnisbad Ocean-Wave in **Norddeich** und in der Friesland-Therme in **Horumersiel**. Im Wellnessbereich der Nordseetherme Sonneninsel in **Esens-Bensersiel** stehen Beauty, Fitness, Baden, Sauna, Kuren und verschiedene Therapien auf dem Programm. Beauty-Tage kosten zwischen 60–123 €; ein Wohlfühl-Paket mit 6 Schlickpackungen, 6 Massagen und 6 x Solarium rund 135 €.

bietet die Strecke auch als Pauschalpaket an: mit Verpflegung, Gepäcktransport, Übernachtung.

Wandern

Wandern ist die beste Art, die Küste kennen zu lernen. Nur zu Fuß kann man sich auf der Deichkrone, durchs trockengefallene Watt und auf den Sandstränden bewegen. Das Wander- und Radwegenetz ist hervorragend gekennzeichnet (s. oben, Radfahren). Für den Rückweg bieten sich oftmals Busse an.

Naturschutzverbände laden zu einer breiten Palette **natur- und vogelkundlicher Exkursionen** ein.

Wassersport

Gelegenheit zum **Surfen und Segeln** besteht entlang der ganzen Küste, man muss sich allerdings nach den Gezeiten richten. In vielen Küstenorten gibt es Surf- und Segelschulen, u. a. in Wilhelmshaven.

Segelschule Wilhelmshaven
Banter Deich 16
Tel. 044 21/99 42 14
Fax 044 21/99 42 15
www.nordsee-segelschule.de.
Catamaran- und Wassersport-Centrum Wilhelmshaven
Südstrand 1
Tel. 0 44 21/52981, www.catamaran-wassersport-centrum. de
Unterricht, Vermietung, Törns auf Ein- und Mehrrumpfbooten.

Kanuten empfehlen sich unzählige Kanäle und Seen. Möglich sind sowohl geruhsame Kanutouren als auch spritzige Seekajakfahrten auf dem Jadebusen oder zu den Ostfriesischen Inseln: Leihkanus für ein- oder mehrtägige Touren und jede Menge Informationen gibt es bei ›Unterwegs‹ in der Nordseepassage am Bahnhofsplatz in Wilhelmshaven oder unter Tel. 044 21/ 99 42 87.

Gelegenheit zum **Wasserskifahren** bietet sich in Hooksiel (s. S. 90).

33

Reise-Infos

Auskunft

Die Nordsee: Sieben Inseln. Eine Küste
Postfach 2106
26414 Schortens
Tel. 044 21/80 92 34
Fax 044 21/80 92 33
Service-Tel. 018 05/20 20 96
(0,12 €/Min.)
Fax 018 05/20 20 97 (0,12 €/Min.)
www.die-nordsee.de
Verschickt Gastgeberverzeichnisse für Regionen entlang der Küste und auf den Inseln. Schneller, zuverlässiger Service.

Zentrale Touristeninformationen:
Ostfriesland Touristik
Landkreis Aurich GmbH
Rheinstr. 13
26506 Norden
Tel 018 05/938 32 00 (0,12 €/Min.)
Fax 049 31/938 32 19.
www.ostfriesland.de
Die Ostfriesland Touristik gibt zwei informative Hefte heraus, die gratis zu bestellen sind: Reisemagazin Ostfriesland und Rad up Pad – Radmagazin.

Friesland-Touristik GmbH
Lindenallee 1
26441 Jever
Tel. 044 61/91 91 93-0
Fax 044 61/91 91 999-0
www.friesland-touristik.de

Informationen zu den einzelnen Orten, Bestellen von Gastgeberverzeichnissen, Programmen für Pauschalreisen siehe Infostellen, Orte von A bis Z. Die Tourist-Informationen vor Ort sind ganzjährig Mo–Fr, in der Saison auch Sa und So geöffnet.

Anreise

Mit dem Flugzeug
Der nächste internationale Flughafen ist Bremen. Auf den Flugplätzen in Emden, Norddeich, Harle (Wittmund/Carolinensiel), Wilhelmshaven, Bremerhaven und Cuxhaven können kleinere Maschinen landen. Flüge von/nach Bremen und zu den Inseln bieten u. a. an:

Luftverkehr Friesland Harle
Tel. 044 64/948 10
www.inselflieger.de

FLN Frisia Luftverkehr GmbH, Norden
Tel. 049 31/933 20
www.reederei-frisia.de

Ostfriesische Lufttransport GmbH, Emden
Tel. 049 21/899 20
www.olt.de

Mit Bahn und Bus
Intercity- bzw. Interregio-Bahnhöfe sind Emden, Norden-Norddeich und Sande, Wilhelmshaven und Bremerhaven sowie Cuxhaven. Wer auf die ostfriesische Halbinsel möchte, fährt entweder bis Norden oder bis Sande, von dort verkehren Busse zu allen Küstenorten. Eine Nebenstrecke der Bahn verbindet Sande mit Jever und Wittmund sowie Esens. Alle Bahn-, Bus- und Fährlinien zu den Inseln sind im Kursbuch der Deutschen Bundesbahn verzeichnet. Bahnanschlüsse sind auf Busse und Fähren abgestimmt. Informationen in allen Reisezentren der Deutschen Bahn und im Internet unter der website www.bahn.de

Jade-Express: im modernen Komfort-Reisebus nach Wilhelmshaven 1–2 x pro Woche von Berlin sowie aus dem Harz, Info: Fass Reisen, Tel. 044 21/843 60, Fax 044 21/872 39.

Mit dem Auto

Die großen Seehafenstädte Emden, Wilhelmshaven, Bremerhaven und Cuxhaven sind an das Autobahnnetz angebunden: Die A 1 (Hansalinie) führt von Südwesten über Köln, Dortmund und Münster nach Bremen und weiter nach Hamburg. Die A 31 führt vom Ruhrgebiet entlang der niederländischen Grenze nach Leer und weiter nach Emden, die A 27 von Südosten über Hannover, Bremen und Bremerhaven nach Cuxhaven. Die A 28 geht von Oldenburg Richtung Westen über Leer nach Emden. Die A 29 beginnt in Oldenburg und endet in Wilhelmshaven.

Geld

Das Banken- und Sparkassennetz ist nahezu flächendeckend. Mit der EC/Maestro-Karte und der Geheimnummer erhält man selbst in kleineren Orten problemlos Bargeld. Die gängigen Kreditkarten werden in den meisten Hotels und Restaurants akzeptiert, nicht jedoch in kleineren Geschäften und Privatunterkünften.

Notfall

Polizei: 110
Feuerwehr: 112
Krankenhäuser:
Cuxhaven: Tel. 047 21/780
Emden: Tel. 04 91/980
Norden: Tel. 049 31/18 10
Otterndorf: Tel. 047 51/90 80
Varel: Tel. 044 51/50 44
Wilhelmshaven: Tel. 044 21/890
Wittmund: Tel. 044 62/86 02
Rettungsdienst Friesland
Tel. 192 22
ADAC Pannenhilfe 018 02/22 22 22

Diplomatische Vertretungen

Österreich: Tel. 030/20 28 70
Schweiz: Tel. 030/390 40 00

Telefonieren

Telefonzellen findet man fast in jedem Ort, mit wenigen Ausnahmen trifft man auf Kartentelefone. Telefonkarten erhält man in Postfilialen, Zeitungsgeschäften und Souvenirläden.

Die Erreichbarkeit über Handy an der Nordseeküste (und im Watt!) ist lückenlos.

Vorwahl Österreich: 00 43
Vorwahl Schweiz: 00 41
Vorwahl Deutschland: 00 49

Öffnungszeiten

Geschäfte: Die Ladenöffnungszeiten sind variabel. Größere Kur- und Badeorte haben dank der Bäderregelung verlängerte Öffnungszeiten: März–Okt. Mo–Fr bis 21 Uhr, Sa und So bis 18 oder 20 Uhr. Auch in vielen kleineren Badeorten öffnen Lebensmittelgeschäfte am Samstag und am Sonntag ein paar Stunden ihre Pforten.
Post: Filialen – häufig nur ein Tresen beim Kaufmann – gibt es in allen größeren Ortschaften, viele schließen über Mittag.

Reise-Infos

Restaurants: In vielen Restaurants sind Essens- und Öffnungszeiten nicht identisch. Mittagstisch ca. 11.30–14 Uhr, danach gibt es Kaffee und Kuchen, ab 17/18 Uhr Abendtisch, nicht selten schließt die Küche bereits gegen 21.30 Uhr. Über Weihnachten und Neujahr öffnen viele Restaurants, die sonst im Winter geschlossen sind.

Kirchen, Museen und Sehenswürdigkeiten: Die gängigen Öffnungszeiten sind in der Saison tgl. 10–17 Uhr.

Gesundheit und Kur

In allen Bade- und Kurorten wird großer Wert auf ein ausgewogenes **Gesundheitsprogramm** gelegt: morgendliche Strandgymnastik, Vorträge mit Anleitung und Hinweisen zum gesünderen Leben, Wassergymnastik, Jazztanz, Lauftreffs usw. Die Teilnahme ist für Urlauber mit Kur- bzw. Gästekarte in der Regel kostenlos oder stark ermäßigt.

Die **ärztliche Versorgung** ist überall gewährleistet: In den Nordseeheilbädern und Kurorten entlang der Küste sowie auf den größeren der Ostfriesischen Inseln gibt es zahlreiche Bade- und Fachärzte.

Dank der über das Meer herangeführten staub- und keimfreien Seeluft gilt das **Nordseeklima** als ausgesprochen heilkräftig. Die wechselnden Wärme- und Kältereize des Klimas fördern die Stoffwechselvorgänge im Körper und härten ihn ab. Trotz Gesundheitsreform ist es auch heute noch möglich, eine Kur bewilligt zu bekommen. Der Weg zur Kur, sei es eine ambulante Vorsorgekur oder eine stationäre Rehabilitationskur, läuft über den Hausarzt, der ihre Notwendigkeit bestätigt. Die Kurmittelhäuser stehen auch Nicht-Kurenden offen, alle Kurmittel, die nicht verschreibungspflichtig sind, können auf eigene Rechnung in Anspruch genommen werden.

Behinderte

In den Gastgeberverzeichnissen ist vermerkt, welche Unterkünfte sich für Behinderte oder Allergiker eignen. Die Broschüre ›Mit Handicap durch norddeutsche Jugendherbergen‹ kann beim DJH Landesverband bestellt werden (s. S. 25).

Strände: Die Grünstrände entlang der Küste sind für Rollstuhlfahrer in der Regel gut zugänglich. Für Sandstrände kann man in vielen Badeorten Strand-Rollstühle mieten (Info in der Kurverwaltung bzw. Touristeninformation).

Im Internet gibt es nützliche Information über ›Barrierefrei reisen‹: www.barrierefrei-reisen.de, s. S. 5.

Unterwegs an der Küste

Mit dem Bus

Zwischen den einzelnen Küstenorten bestehen gute Busverbindungen. Auch von den Städten im Inland geht es per Bus mehrmals tgl. zur Küste.

UrlauberBus Ostfriesland: Die Verkehrsgemeinschaft Landkreis Aurich (VLA) bietet Urlaubern in der Saison von Mitte März bis Ende Okt. die Möglichkeit, Ostfriesland für wenig Geld zu entdecken. Die Angebote variieren, mal war es gratis, 2003 waren es 50 Cent, die eine Fahrt quer durch Ostfriesland gekostet hat. Bedingung ist eine Kurkarte (Norddeich, Norden, Hage, Dornum, Dornumersiel, Neßmersiel, Greetsiel) oder Gästekarte (in den anderen Orten). Info: VLA, Norderstr. 32, 26603 Aurich, Tel. 049 41/933 77, www.vla.de.

Mit dem Schiff

Die See- und Sielhäfen entlang der Küste bieten sich für Schiffsausflüge an (s. Orte von A bis Z).

In Bremerhaven und Cuxhaven legen die großen Kreuzfahrtschiffe aus aller Welt an. Von Cuxhaven kommt man dank sensationeller Billigangebote im Sommer günstig ins englische Harwich. Infos im Reisebüro und bei:
DFDS Seaways
Van-der-Smissen-Str. 4
22767 Hamburg
Tel. 040/389 03 71
Fax 040/38 90 31 41
www.dfdsseaways.de.

Fähren zu den Insel

... nach Baltrum:
Tideabhängige Fährverbindung ab Neßmersiel (ohne Auto), etwa 3 x tgl., Fahrtdauer 30 Min.
Reederei Baltrum-Linie
Tel. 049 39/913 00
www.baltrum-linie.de.

... nach Borkum:
Tideunabhängige Fährverbindung ab Emden (mit Auto), je nach Saison 2–4 x tgl., Fahrtdauer inkl. Inselbahn 2 Std. 30 Min.; mit dem Katamaran 1 Std. 30 Min., in der Saison 1–2 x tgl. Reederei AG Ems
Tel. 01 80/502 43 67
Fax 049 21/89 07 42
www.ag-ems.de.

... nach Juist:
Tideabhängige Fährverbindung ab Norddeich (ohne Auto), 1–2 x tgl., Fahrtdauer 1 Std. 25 Min. Auskunft: Reederei Norden-Frisia, Tel. 049 31/98 70, www.reederei-frisia.de.

... nach Langeoog:
Tideunabhängige Fährverbindung ab Bensersiel (ohne Auto), bis zu 9 x tgl., Fahrtdauer inkl. Inselbahn 1 Std. Auskunft: Tel. 049 72/69 32 60.

... nach Norderney:
Tideunabhängige Fährverbindung ab Norddeich (mit Auto), in der Hauptsaison fast stündlich, Fahrtdauer ca. 1 Std. Reederei Norden-Frisia
Tel. 049 31/98 70
www.reederei-frisia.de.

... nach Spiekeroog:
Tideabhängige Fährverbindung ab Neuharlingersiel (ohne Auto), 1–3 x tgl., Fahrtdauer 50 Min. Auskunft: Hafen Neuharlingersiel, Tel. 049 74/214.

... nach Wangerooge:
Tideabhängige Fährverbindung ab Harlesiel (ohne Auto), 2–3 x tgl., Fahrtdauer inkl. Inselbahn knapp 1,5 Std. Auskunft Bahnhof Harlesiel, Tel. 044 64/94 94 11.

... nach Helgoland:
Tgl. Verbindungen ab Bremerhaven, Cuxhaven, Norden und Wilhelmshaven, auch mit der Schnellfähre (s. Orte von A bis Z).

Mit dem Fahrrad

Der Nordwesten ist ein ideales Revier für Radfahrer (s. S. 31).

Orte vo

Die niedersächsische Nordseeküste gilt nach wie vor als Geheimtipp. Der Besucher stößt auf zahlreiche Sehenswürdigkeiten, spektakuläre und verborgene. Er entdeckt bildhübsche Sielhäfen wie Greetsiel, gemütliche Warfendörfer, beispielsweise Rysum, und schöne stille Landschaften wie die Krummhörn. Berühmt für herrliche Sandstrände sind die vorgelagerten Inseln. Dieser Führer stellt

n A bis Z

Ihnen Ausflüge und Strände vor, gibt nützliche Tipps und ausgesuchte Adressen an die Hand, damit Ihr Urlaub zum Erlebnis wird! Und dem, der Besonderes sehen möchte, dem seien die fünf Touren empfohlen. Alle interessanten Orte und ausgewählte touristische Highlights – alphabetisch geordnet und anhand der Koordinatenangaben problemlos in der großen Regionalkarte zu finden.

Bremerhaven

Highlight
Bremerhaven (H 4/5)

Bremerhaven (120 000 Ew.) wurde im 19. Jh. als ›Bahnhof am Meer‹ für den deutschen Nordatlantikverkehr bekannt. Der Bau, die Ausrüstung und die Abfertigung der Auswandererschiffe ab Mitte des 19. Jh. waren wichtige Impulsgeber für die Seestadt. Noch heute gehen hier die großen Übersee-Passagierschiffe vor Anker. Die lebendige und weltoffene Seestadt, die zu Bremen (und damit nicht zu Niedersachsen) gehört, wird bestimmt von riesigen Hafenanlagen, von Schiffbau und Fischindustrie und hat sich u. a. durch die Arbeiten des Alfred-Wegener-Institutes für Polar- und Meeresforschung auch als Forschungsstandort rund um maritime Themen weltweit einen Namen gemacht. Bremerhavens Geschichte ist jung: Anno 1827 beschloss der Bremer Bürgermeister Johann Smidt den Bau eines neuen Hafens an der Mündung der Weser in die Nordsee, weil der Fluss zunehmend versandete und die großen Schiffe jener Zeit nicht mehr bis in die Hansestadt kamen.

Fast alle Museen und Sehenswürdigkeiten liegen am Wasser, die Kulisse bilden große und kleine Schiffe aus aller Welt. Bis zum Jahr 2005 wird die ›Hauptstadt der Windjammer‹ ihr Gesicht verändern. Am Alten und Neuen Hafen entsteht die ›Welt am Meer‹, ein maritimes Tourismusresort mit neuer Marina, dem Einkaufszentrum ›Mediterraneum‹ und einem ›Klimahaus‹ mit Aquarium und Informationen zu Wetter und Meer.

Sehenswert

Mit der ›**Seemeile**‹, einem ausgeschilderten maritimen Trail entlang des Deichs, der Häfen und durch die Innenstadt sind über 100 maritime Stationen zwischen Fischereihafen im Süden und Containerterminal im Norden zusammengefasst. Einige Highlights:

Zoo am Meer mit Nordsee-Aquarium: Am Weserdeich, April–Sept. tgl. 8–18.30/19, Okt.–März tgl. 8–17 Uhr.
Der Schwerpunkt des komplett umgebauten und im Frühjahr 2004 neu eröffneten Zoos liegt auf nordischen Tierarten. Außer Bibern, Robben, Seehunden und einer Brutkolonie mit Basstölpeln befindet sich hier eine erfolgreiche Eisbärenzucht.

Nationalmuseum Deutsches Schifffahrtsmuseum: Hans-Scharoun-Platz 1, April–Okt. tgl. 10–18, Nov.–März Di–So 10–18 Uhr; Besichtigung der Oldtimerschiffe März–Okt. Eine umfassende Darstellung der Entwicklung der deutschen Schifffahrt, für die man sich viel Zeit nehmen sollte. Im Freigelände des Museums steht der 1913 entstandene Klabautermann-Brunnen – der Klabautermann ist der gute Geist der Schifffahrt. Ein Herzstück der Ausstellung ist die Hansekogge: 1962 wurde der mittelalterliche Frachtensegler bei Baggerarbeiten in der Weser entdeckt. Jahrzehnte dauerten die Rekonstruktionsarbeiten der über 2000 Einzelteile. Zum Museum gehört auch die Flotte der schwimmenden Oldtimer im Museumshafen – ein Entdeckerparadies für Kinder.

Auswandererausstellung ›Aufbruch in die Fremde‹:
Van-Ronzelen-Straße 9, in der alten Werkshalle am Schifffahrtsmuseum, April–Okt. tgl. 10–18 Uhr.
Die multimediale Ausstellung gedenkt der Auswanderer nach Amerika zwischen 1854 und 1907. Fast 7 Mio. Menschen brachen von Bremerhaven in

Bremerhaven

Absolut ›kindertauglich‹: Das Deutsche Schifffahrtsmuseum in Bremerhaven

die Neue Welt auf. Der Besucher folgt zwei Emigranten stellvertretend für andere Auswanderer auf ihrem Weg über den großen Teich.

Historisches Museum/Morgenstern-Museum: An der Geeste 6, Di–So 10–18 Uhr.
Informationen zur Vorgeschichte, Volkskunde und Stadtgeschichte, interessant ist die Dokumentation der Arbeits- und Alltagswelt der Menschen an der Küste. Im Museumscafé wird selbstgerösteter Kaffee serviert.

Fischereihafen: Bremerhaven gehört trotz der Krise in der Fischindustrie immer noch zu den führenden Fischereihäfen Europas. Beim Herumstromern entlang der Kais und Packhallen können Landratten maritime Atmosphäre genießen. Am Ende des alten Hafenbeckens nahe der Packhalle IV hat sich das ›Schaufenster Fischereihafen‹ in den letzten Jahren zu einer Attraktion gemausert: Im historischen Fischereihafen ist eine Erlebnismeile mit maritimen Geschäften und Gastronomie von der Hafenkneipe bis zum Feinschmeckerrestaurant entstanden. Einen Besuch lohnt das Atlanticum mit Aquarium, Filmen und Wissenswertem über Meer und Fische (tgl. 10–18 Uhr). Am Fischkai liegt das Museumsschiff ›FMS Gera‹ – der letzte deutsche Seitentrawler. Er vermittelt ein Bild vom Leben und Arbeiten in der Hochseefischerei (Juni–Sept. tgl. 10–17 Uhr).

Überseehäfen: Ein spannendes Stück Bremerhaven liegt ca. 2 km nördlich der Stadtmitte: die Columbuskaje, der berühmte ›Bahnhof am Meer‹. Die 1250 m lange Kaianlage wurde 1924–28 für die Passagierschiffe nach Übersee gebaut. 1975 hatte der Passagierbahnhof ausgedient, er wurde zum Stückgutterminal umfunktioniert, die Kreuzfahrtschiffe legen nur im nördlichen Teil an. Im Mai 2003 wurde das Columbus Cruise Center, das modernste Kreuzfahrt-Terminal Europas, eröffnet. Nichts ist übrig geblieben von der alten Anlage – alles ähnelt hier einem modernen Flughafen. Rund 60 Ankünfte/Abfahrten von Kreuzfahrtschiffen zählt man hier von Mai bis Dezember. In dem von

Bremerhaven

der Bremerhaven Touristik herausgegebenen maritimen Info-Journal ›Windrose‹ stehen die Termine der Anläufe, kostenlos erhältlich in der Tourist-Info.

Von der **Container-Aussichtsplattform** an der 1931 erbauten Nordschleuse blickt man auf eines der größten Containerterminals Europas (März– Okt. zugänglich).

Radarturm des Wasser- und Schifffahrtsamtes an der Weser: am Alten Vorhafen, Di–So 10–13, 14–18 Uhr, im Winter nur So 10–13, 14–17 Uhr. Von hier bietet sich ein interessanter Rundblick über die Seehäfen. Nachts wird die Szenerie mal in blaues, rotes oder grünes Licht getaucht. Weitere Ge-

Bremerhaven

bäude – historische Bauten sowie Beispiele von interessanter moderner Architektur – sollen in den kommenden Jahren in ›nächtliches Licht verpackt‹ werden.

Geführte Touren: HafenBus: Im Doppeldecker geht es 1 x tgl. (an Wochenenden auch 2 x) vom ›Schaufenster Fischereihafen‹ zum Containerterminal im Überseehafen. Mit zur Tour gehört ein Abstecher zum Autoterminal und zur Lloyd Werft, wo riesige Luxuskreuzschiffe gebaut und umgebaut werden (Vorverkauf der Karten in der Tourist-Info im Columbus-Center).

Hafenrundfahrten: Fahrt durch die Überseehäfen zum Containerterminal und zur Columbuskaje, mit MS Hein

Bremerhaven

Mück und MS Jan Brass ab Neuer Hafen Süd, mit MS Lale Andersen ab Seebäderkaje; Info Tel. 04 71/41 58 50, Fax 04 71/419 29 22, www.hafenrundfahrt-bremerhaven.de.
Hafenrundfahrten im Fischereihafen mit MS Dorsch, in der Saison 2–4 x tgl. vom Steg im ›Schaufenster Fischereihafen‹, Info Tel. 04 71/699 99 22 oder 04 71/929 29 95.

Sport & Strände
Weser-Strandbad: An Bremerhavens Strand zum Sonnenbaden werden in der Hochsaison wunderbare Cocktails serviert. Eine Radler-Servicestation mit Tourist-Info und Pannenhilfe bietet Hilfe für alle, die mit dem Rad unterwegs sind. Das Strandbad liegt am ausgeschilderten Weser-Radweg.
Bad 1: Kurt-Schumacher Str. 14, www.bad-1.de. Erlebnisbecken und 72-Meter-Rutsche, Wasserfall sowie verschiedene Saunen.
Bad 2: Schillerstr. 144, www.bad-2.de. Wellness-Bad mit Sauna- und Badelandschaft, Whirlpool, Aquakursen, Unterwassermassage...

Einkaufen
Eine windgeschützte Einkaufsmeile mit Geschäften, Cafés, Kinos usw. ist das **Columbus-Center** im unteren Stock des dreitürmigen Hochhauskomplexes, der die Skyline der Stadt beherrscht.
Fisch kauft man am besten im **Fischereihafen**. Die Fischräucherei Franke (Mo–Fr 7–16, Sa 7–12, So 8–12 Uhr) ist die älteste Räucherei in Bremerhaven. Die Fische werden hier noch über offenem Feuer mit Holz und Spänen geräuchert.

Ausgehen
Am ›Schaufenster Fischereihafen‹ ist abends immer etwas los. Die Szene-Kneipenmeile aber ist die ›Alte Bürger‹, wie die Bremerhavener ihre Bürgermeister-Smidt-Straße salopp nennen.

Feste & Unterhaltung
Das Wochenende an der Geeste: Juni. Festivalmeile zum Mitmachen und Klönen zwischen altem Handwerk, Oldtimern der Seefahrt, Kutterfahrten, Livemusik auf der Geestekaje vor dem Historischen Museum.
Bremerhavener Festwoche: Juli. Viel Musik, Essen und Trinken, viele Schiffe, Handwerkermarkt, Feuerwerk.
Windjammer-Parade: Aug. auf der Weser, s. S. 19.
Jazz-Nächte im ›Schaufenster‹: Im April und im November findet die ›Swing- und Jazznacht‹ in Kneipen und Restaurants statt, die Palette reicht von Oldtime, Swing bis zu Funk.
Kino im Columbus-Center.

 PLZ: 27568–27580, s. jeweilige Einrichtung.
Touristen-Information:
im Columbus-Center,
Tel. 04 71/430 00, Fax 04 71/430 80. Neben Infos gibt es hier Tickets für viele Veranstaltungen und den HafenBus.
BIS Bremerhaven Touristik: H.-H. Meier-Str. 6, 27568 Bremerhaven, Tel. 04 71/946 46 10, Fax 04 71/946 46 19, Service-Telefon: 04 71/41 41 41, www.bremerhaven-tourism.de.
Infos, Reisen und Segeltörns, s. S. 46.

Jugendgästehaus:
Gaußstr. 54–56, 27580 Bremerhaven, Tel. 04 71/98 20 80, Fax 04 71/874 26, www.jgh-bremerhaven.de, 15–20 € (mit Frühstück). Ruhige Lage im Norden Bremerhavens, großes Haus mit 170 Betten.
Gästehaus Großer Kurfürst: Kurfürstenstr. 3, 27568 Bremerhaven,

Bremerhaven

Tel. 04 71/941 35 53,
Fax 04 71/941 35 55,
www.seestadt-bremerhaven.de/
kurfuerst/, 15–30 €.
Privatzimmer in einer Jugendstilvilla,
5 Min. zum Hafen, mit Gästeküche.
Hotel Am Theaterplatz: Schleswiger Str. 3–5, 27568 Bremerhaven, Tel. 04 71/426 20, Fax 04 71/41 65 16, EZ 40, DZ 60–65 €.
Zentral gelegenes Haus mit freundlichem Service; alle Zimmer mit Dusche/WC, Radio und Tel.
Choice Comfort–Hotel Bremerhaven: Im Schaufenster 7, 27572 Bremerhaven, Tel. 04 71/932 00, Fax 04 71/932 01 00,
www.comfort-hotel-bremerhaven.de.
Besticht durch seine Lage am Fischereihafen, komfortable Zimmer, ausgezeichnete Küche. EZ ab 71, DZ ab 88 €, Suiten 112–143 €.

Wohnmobilstellplätze: 36 stadtnahe Stellplätze in der Barkhausenstraße gegenüber dem Neuen Hafen, Service-Container. Zur ›Sail 2005‹ wird ein Platz für 65 Wohnmobile an der Doppelschleuse fertig gestellt.

Im ›Schaufenster Fischereihafen‹ reicht die Palette vom edlen Feinschmeckertempel bis zur rustikalen Fischkneipe und maritimem Bistro. Ein schöner Ort auch am Abend.
Koggen Bräu – Speicher Gasthaus und Brauerei: Van-Ronzelen-Str. 18, vor dem Columbus-Center, Tel. 04 71/41 77 88, tgl. ab 11 Uhr, Hauptgerichte 8–15 €.
Bis 1 Uhr nachts wird hier selbst gebrautes, hefetrübes Koggen Bräu serviert. Ein Besuch in der Brauerei gehört zum Programm vieler Gruppenreisen.
Hotel am Theaterplatz: Mo geschl., ab 10 €.

Die delikate Küche des Fischrestaurant im Hotel Am Theaterplatz wissen auch die Einheimischen zu schätzen.
Treffpunkt Kaiserhafen:
Alte Bananenpier Bremerhaven-Kaiserhafen, Tel. 04 71/422 19, tgl. 11–24 Uhr, Gerichte 10–19 €.
Hafenatmosphäre pur. ›Die letzte Kneipe vor New York‹ bietet warme Küche.
Natusch: Am Fischbahnhof 1, Fischereihafen Mitte, Tel. 04 71/ 710 21, Di–So 11.45–15, 17–22 Uhr, ab 11 € (Labskaus).
Gepriesenes Nobelrestaurant, frischer Fisch vom Feinsten.

 Schiff: Die Weserfähre (Bremerhaven–Blexen/Nordenham) verkehrt Mo–Fr alle 20 Min.
Wesertunnel: Der neue Tunnel führt bei Dedesdorf unter der Weser durch, er ersetzt die Fährfahrt.

Ziele in der Umgebung
Bad Bederkesa (J 4): s. S. 67. Die MS Deutschland schippert von Bremerhaven auf der Geeste nach Bad Bederkesa. Info: BBU Touristik, Klußmannstr. 5, 27570 Bremerhaven, Tel. 04 71/ 931 58 38. Beim gleichen Anbieter auch Hochseeangelfahrten in der Außenweser und in der Deutschen Bucht.
Leuchtturm Roter Sand: Ein 1885 erbauter Bilderbuchleuchtturm in der Wesermündung. Es werden Tagesausflüge und Übernachtungsfahrten angeboten, buchbar Mitte Mai–Anfang Sept. (Tagesausflug pro Person 55, Übernachtungstörn 399 €), Info BIS Bremerhaven Touristik, s.o.
Helgoland: s. S. 101. Mai–Sept. tgl. gegen 9.45 und 11.15 Uhr (Schnellfähre), Seebäderkaje am Zoo am Meer. Reederei Warrings, Tel. 044 64/949 50, www.reederei-warrings.de.

Butjadingen

Meer erleben

Maritime Pauschalreisen und Schifftörns bietet die BIS Bremerhaven Touristik (s. S. 44) an. In der Broschüre ›Meer erleben‹ findet man spannende Angebote, u. a.: Urlaub unter Segeln, 3–7tägige Sommer-Segelreisen in Nord- und Ostsee auf großen Windjammern – wie dem polnischen Vollschiff ›Dar Mlodziezy‹ und dem norwegischen Vollschiff ›Sørlandet‹. Auch wer Urlaub auf dem Leuchtturm Roter Sand bucht, sollte über Kondition verfügen und bereit sein, (für 2 Tage) das einfache Leben des Leuchtturmwärters auf sich zunehmen: das bedeutet: kein Strom, keine Heizung.

Butjadingen (F–H 4)

Die grüne Halbinsel (ca. 6400 Ew.) zwischen Jade, Weser und Nordsee ist von einem 35 km langen, bis zu 9 m hohen Seedeich umgeben. Butjadingen – der Name kommt von *buten* (›außerhalb‹) – ist so flach, dass es in der furchtbaren Weihnachtsflut von 1717 bis zu 5 m hoch überflutet war. Es gab keine Stelle, auf der, wie es in der Chronik heißt, »die größten Schiffe nicht hätten aus- und einfahren können« – wohlgemerkt über dem festen Land. Die Halbinsel strahlt viel Ruhe aus, und Durchgangsverkehr kennt man hier nicht, fast fühlt man sich am Ende der Welt.

Sehenswert

Langwarden (G 4): Trotz ihrer exponierten Lage an der Nordspitze Butjadingens blieb die wuchtige St. Laurentius-Kirche, ein romanischer Tuffsteinbau, bis heute erhalten (Tel. 047 33/10 02, Orgelkonzerte und Führungen). Vor dem Deich erstreckt sich der Langwarder Groden, ein bedeutendes Brutrevier, um das ein 7 km langer Wanderweg auf der Deichkrone herumführt.
Tossens (F 4): Im alten Dorfkern erhebt sich die St. Bartholomäus-Kirche, ein spätromanischer Backsteinbau (13./14. Jh.) mit reicher Ausstattung.

Highlight

Fedderwardersiel (G 4): Der malerische Sielhafen ist die Perle der Halbinsel. Gut ein Dutzend Fischkutter laufen in der Saison tgl. zum Fang aus. Das unter einem Dach vereinte Nationalpark-Haus/Museum Butjadingen liegt am Hafen. Das Gezeitenmodell veranschaulicht das Phänomen Ebbe und Flut (am Hafen 4, Tel. 047 33/85 17, Mitte März–Okt. tgl. 10–18 Uhr, im Winter Mo geschl.).

Sport & Strände

In Burhave, Tossens und Eckwarderhörne findet man Sand- und Grünstrände.
Meerwasser-Hallenbad Tossens: im Vitarium Tossens, Strandallee 36, in den niedersächsischen Ferien: Mo 13–18, Di 9–21, Mi 7–20, Do 9–18, Fr 10–18, Sa, So 9–18 Uhr, So 14–16 Uhr Spielenachmittag; in der Schulzeit reduzierte Öffnungszeiten. Umfangreiches Programm, u. a. Aquafun für Kinder, Babyschwimmen, Schwimmkurse, Aqua-Power, Aqua-Jogging.
Hallenbad Deichgraf Burhave: Butjadinger Str. 47, Di, Mi, Fr, Sa 15–20, Do 15–18, Juni–Mitte Sept. auch Di–Sa 9.30–12 Uhr.
Badeparadies Nordsee Tropen Parc: Strandallee 36a, tgl. 10–22 Uhr. Spaß für die ganze Familie: Badelandschaft auf drei Ebenen.

Butjadingen

Inlineskating-Kurse: Kurse für Anfänger und Fortgeschrittene, Jung und Alt bietet die Spielscheune an. Im Programm stehen auch geführte Scouting-Touren und Lauftreffs. Info und Anmeldung, Sportrezeption Spielscheune, Burhave, Tel. 047 33/17 39 19.

250 km gekennzeichnete **Radwanderwege** durchziehen das Marschland; Fahrradbus Mitte April–Mitte Okt. Tourenvorschläge u. a. in der Fahrradkarte ›Deutsche Sielroute‹ mit interessanten Ausflugtipps in Butjadingen und der Wesermarsch, erhältlich in den Geschäftsstellen der Butjadingen Kur- und Touristik GmbH.

Reiterhof Nordseegestüt: Burhave, Tel. 047 33/796. Groß- und Kleinpferde, Unterricht für Anfänger und Fortgeschrittene.

Reit- und Fahrverein Nordbutjadingen e. V.: Tossen, Tel. 047 36/591.

Ferienhof Anne Jürgens: Eckwarden, Tel. 047 36/323. Reiterferien für Kinder und Erwachsene, Halle, Boxen und Weide für Gastpferde.

Butjadinger Reitverein e. V.: Stollhamm, Info Tel. 047 35/447. Reitunterricht, es besteht die Möglichkeit, eigene Pferde in Boxen unterzustellen.

Einkaufen

Auf dem **Hof Iggewarden** (Abzweig zwischen Langwarden und Burhave) gibt's Produkte vom Land. In der einfachen Bauernscheune kann man auch Tee trinken und essen (Di Ruhetag). Mo nachmittag Landsafaris, Mi Schnuppernachmittag mit Hof- und Stallführung, Tierfütterung und Ponyreiten.

Butjadinger Fischereigenossenschaft e. G. am Hafen Fedderwardersiel: Fisch – frisch aus dem Meer. In der Saison tgl., auch Sa und So geöffnet, im Winter reduzierte Öffnungszeiten.

Ausgehen

Diskotheken: Strandhallenrondell in Burhave, ganzjährig Sa, im Sommerhalbjahr auch Mi; Upstalsboom Nordsee Tropenparc in Tossens.
Jeden Sa verkehren zwei Discobusse, Info: Tel. 047 31/86 40, www.vbw-wesermarsch.de.

Feste & Unterhaltung

Drachen- und Zirkusfest: Pfingsten in Burhave.
Traditionelle Kutterregatta: Juli/Aug. in Fedderwardersiel.
Sand'Art-Festival: Aus Sand und Lehm schaffen international angesehene Künstler im Juli/Aug. am Strand von Tossens eine fantastische Skulpturenlandschaft. Die bis zu 5 m hohen Skulpturen halten mehrere Wochen.

Kinder

Spielscheune in Burhave: Strandallee, Tel. 047 33/172 22,
www.spielscheune.com,
tgl. 10–18, Juli, Aug. bis 20 Uhr.
Mit Kletterberg, Piratenboot, Jet Scooter, Indoorskating und jede Menge Programm für die Kleinen.
Hof Iggewarden: s. o.

Butjadingen Kur- und Touristik GmbH: Strandallee 61, 26969 Butjadingen (Burhave), Tel. 047 33/929 30, Fax 047 33/92 93 99, www.butjadingen-info.de.
Info und Buchung von Unterkünften: Tel. 047 33/ 92 93 18.

Die Postadresse für alle genannten Unterkünfte ist: 26969 Butjadingen.
Heuhotel/Kinderbauernhof Francksen: Butjadinger Str. 30, Ruhwarden, Tel./Fax 047 36/232, www.heuhotel-ruhwarden.de

Butjadingen

Ferien auf einem bewirtschafteten Bauernhof: Kühe, Kälber, Schafe, ein Pony, Hund und Katzen und viel Platz zum Spielen. Übernachten im Salzwiesenheu, Erw. 12,12 €, Kinder 6,66–8,88 €, Preise inkl. Bauernfrühstück; Schlafsack und Taschenlampe müssen mitgebracht werden. Einfache Wohnung für 4–5 Personen ab 45 €.
Ferienhaus Francksen: Budjadinger Str. 82, Burhave, Tel. 047 33/432, Fax 047 33/1620, www.0700Francksen.de. Vier Ferienwohnungen in einem denkmalgeschützten Haus, Garten mit Möglichkeit zum Grillen, Sandkiste und Schaukel für die Lütten, 51–60 €.
Dat grode Gulfhuus: Butjadinger Str. 57a, Tossens, Tel. 047 36/102901, Fax 047 36/10 22 71, www.gulfhuus.de, ab 54 €. Kinderfreundlich ausgestattete Ferienwohnungen für 4–8 Pers. mit Terrasse, Grill- und Spielplatz, 1000 m zum Strand.
Feriendorf Eckwarderhörne GmbH: Eckwarderhörne, Tel. 047 36/92 00 70 oder 90, Fax 047 36/92 00 91, www.ferienhaeuser.de
Ganzjährig vermietete, unterschiedlich große, individuell von den einzelnen Eigentümern eingerichteten Ferienhäuser für 4–8 Pers. Die Häuser stehen recht dicht aufeinander, schön ist die Spazierentfernung vom Leuchtturm und Fähranleger. Hauptsaisonpreise pro Woche ab 459–609 €.
Kastanienhof: Burgweg 39, Stollhamm-Mitteldeich, Tel. 047 35/81 00 50, Fax 047 35/81 00 52, www.kastanienhof-nordseeferien.de Schöner alter Hof in Alleinlage mit großem Garten, Spiel- und Grillplatz. Fünf Ferienwohnungen für 4–5 Pers. 40–50 €, Behinderten- und Allergikerfreundlich, zum Meer sind es ca. 4 km.
Zur Fischerklause: Sielstr. 16, Fedderwardersiel, Tel. 047 33/362, Fax 047 33/18 47, www.fischerklause.de, pro Person ab 36 €.
Hotel mit Restaurant und Café hinterm Deich, nur wenige Meter vom Kutterhafen entfernt.
Die **Campingplätze** in Burhave, Fedderwardersiel und Tossens liegen vor dem Deich und werden nur von April–Okt. genutzt. Ganzjährig geöffnet ist der Platz in Eckwarderhörne: Wie-

Butjadingen

Unspektakulär – und trotzdem äußerst reizvoll: die stille Landschaft Butjadingens

sengelände hinterm Deich, im Campinghaus gibt es einen Kinderspielraum mit kostenfreier Kinderbetreuung. Informationen für alle Campingplätze: Tel. 047 33/ 92 93 16, Fax 047 33/ 92 93 99.

 Zum Rauchfang: Sillens bei Burhave, Tel. 047 33/717, Di–Sa 12–22, So 12–14, 17–22 Uhr, im Sommer auch Mo ab 17 Uhr. Rustikales Restaurant mit Biergarten. Der Schwenkbraten wird im offenen Kamin zubereitet. Es gibt ihn als Filet, mager und durchwachsen, je nach Gewicht 11–14,50 €, serviert mit Salat und Zwiebelbrot.

 Bahn: Bahnhof in Nordenham.
Bus: Der regelmäßig zwischen Nordenham und Butjadingen verkehrende Bus ist im Sommer auf Fahrradtransporte eingestellt. Businfo: www.vbw-wesermarsch.de
Schiff: Von Eckwarderhörne geht von Juni–Aug. eine Personen-/ Radfahrerfähre über den Jadebusen nach Wilhelmshaven. Außerdem: Mitte April–Mitte Okt. zweimal pro Woche Zubringerdienst von Eckwarderhörne zum Helgolandkai in Wilhelmshaven. Auskunft: Reederei Warrings, Tel. 044 64/949 50, Fax 044 64/94 95 30, www.reederei-warrings.de.

Ziele in der Umgebung
Ausflugsfahrten ab Fedderwardersiel: Tgl. Schiffsausflüge mit der MS Wega II zu den Seehundbänken, nach Bremerhaven. Info und Anmeldung über die Kur- und Touristisk GmbH oder beim Kapitän Tel. 047 33/513, Fax 047 33/92 03 05, Mobil: 01 72/411 79 02.
Nordenham (G/H 4/5): Einen markanten Gegensatz zum flachen Bauernland Butjadingen bietet der Hauptort des Landkreises Wesermarsch mit seinen Hafenanlagen und Gewerbe- und Industriegebieten. Nordenham ist als Weserhafen erst 1856 mit dem Bau einer Ochsenpier entstanden, 1871 zählte die Viehverladestelle 31 Einwohner, mittlerweile hat sie alle kleineren Dörfer der Umgebung vereinnahmt und rund 29 000 Einwohner. Die St. Hippolyt-Kirche mit Willehad-Brunnen (im Ortsteil Blexen) ist eine der ältesten und schönsten Kirchen des Landes. Sie geht auf eine Gründung des anno 789 gestorbenen Bischofs Willehad zurück. Der heutige Bau wurde ab etwa 1150 errichtet. Sehenswert ist das Museum Nordenham: Hansingstr. 18, (Di–Sa 14–17, So 10–12, 14–17 Uhr). Es dokumentiert die Entwicklung von der frühgeschichtlichen Warfensiedlung bis zur heutigen Industriestadt. Besuchenswert ist die Moorseer Mühle im Stadtteil Abbehausen (s. Tour 4, S. 114f.). Tourist-Info im Zentrum: Poststr. 4, Nordenham, Tel. 047 31/93 64 13, Fax 047 31/93 64 46.

Carolinensiel / Harlesiel

Highlight 3

Carolinensiel / Harlesiel (D 3)

Mächtige Speicher und historische Segelschiffe erinnern an die große Zeit der Frachtensegler, als Carolinensiel (1900 Ew.) für eineinhalb Jahrhunderte (nach Emden) der zweitgrößte Segelhafen zwischen Ems und Jade war. Das um 1730 entstandene Hafenbecken, heute Museumshafen, säumen hübsche Giebelhäuser. Hier legt der Raddampfer nach Harlesiel ab, kann man mittwochs über den Wochenmarkt bummeln. Ein sehr schöner Spazierweg führt am linken Ufer der Harle entlang: vom Museumshafen in Carolinensiel an der Friedrichsschleuse vorbei Richtung Nordsee zum modernen Fährhafen Harlesiel. Die Länge des Spaziergangs beträgt 1600 m, zurück geht's mit dem Raddampfer (siehe unten).

Sehenswert

Sielhafenmuseum: Am Hafen Ost, www.deutsches-sielhafenmuseum.de, Mitte März–Mitte Nov. und in den Weihnachtsferien, tgl. 10–18 Uhr.
Das Museum ist in drei historischen Häusern am Museumshafen in Carolinensiel untergebracht. Die Ausstellung im ehemaligen Getreidespeicher ›Mammens Groot Huus‹ von 1840 dokumentiert die Geschichte der Siele, Häfen und Deiche an der niedersächsischen Nordseeküste. Im ›Kapitänshaus‹ mit guter Stube und historischer Seemannskneipe werden Aspekte des Lebens an Land dargestellt. Die ›Alte Pastorei‹ zeigt eine Ausstellung zu Schiffbau und Handwerk.
Im gleichen Gebäude (Seiteneingang) ist das **Nationalpark-Haus** untergebracht (tgl. geöffnet, Öffnungszeiten im aktuellen Veranstaltungskalender).

Spielzeugmuseum: Carolinensiel, Mo–Fr 10–13, 15–18 Uhr, in der Hauptsaison tgl. geöffnet.

Sport & Strände

Westlich des Harlesieler Fährhafens erstreckt sich weißer Sandstrand.
Tideunabhängig ist das Baden im **Meerwasserfreibad Harlesiel:** am Badestrand, Mitte Mai–Mitte Sept. tgl. 7–19 Uhr.
Haus des Gastes: Hallen-Solebad, Cafe, Leseecke, Spielplatz, Sauna, Solarien, Fitnessmöglichkeit. Die zahlreichen Wellness-Angebote inkl. Preisangaben sind im Internet präsentiert (www.harlesiel.de). Während der Anwendungen Kinderbetreuung im Kinderspielhaus. Im Jahr 2004 Erweiterung des Hauses um ein Erlebnisbad mit Sauna- und Wellnesslandschaft.
Angeln: Angeln kann man entlang der Harle, des Falstertiefs sowie der Abenser, Burhafer und Buttforder Leide. Angelerlaubnisscheine sind u. a. erhältlich im Haus des Gastes.
Ruder- und Tretboote: Pumphusen 10, ›Tüdelpott‹, Tel. 044 64/83 49.
Segeln: Tideunabhängig am Binnentief in Harlesiel, über eine Schleuse geht es ins Wattenmeer und zu den Ostfriesischen Inseln. Harle-Yachtschule, Tel. 049 33/99 11 95 (Motor- und Sportbootführerscheine, Segelscheine). Harlesail: Segel- und Motorbootschule, Tel. 044 64/94 58 64.

Feste & Unterhaltung

Hafenfest: Anfang August treffen sich alte Segelschiffe aus nah und fern. Ein Teil der Kapitäne und Besatzungen trägt historische Trachten und Kostüme.
Feuerwerk im Hafen: 1. Wochenende im Aug. Zum Programm gehört auch die Rumfässer-Staffel, Taulukken, Pattstockspringen. Jedes 2. Augustwochen-

Carolinensiel / Harlesiel

ende Treffen von über 50 Plattbodenschiffen zum Carolinensieler Hafenfest.
Schöfelfest: Ganz besonders ist es, wenn im Winter die Harle zufriert. Dann tummelt sich das Volk auf dem Eis. Schlittschuhe nicht vergessen.

 Kurverwaltung und Tourist-Information: Bahnhofstr. 40, 26409 Carolinensiel, Tel. 044 64/ 949 30, Fax 044 64/94 93 23, www.harlesiel.de.

Jugendherberge Carolinensiel: Herbergsmense 13, Tel. 044 64/94 21 03.
123 Betten, ruhige Lage, ein paar Gehminuten vom Zentrum entfernt.
Hotel-Gasthof Erholung:
Am Hafen Ost 5, Tel. 044 64/310, Fax 044 64/80 50, www.erholung-carolinensiel.de, pro Person 25–35 €.
Traditionsreiches, familiär geführtes Haus auf der Ostseite des alten Hafens. Mit gemütlicher Gaststätte, im Sommer sitzt man auf der Terrasse direkt am Museumshafen.

Hotel Zur Friedrichsschleuse:
Friedrichsschleuse 13, Tel. 044 64/ 94 21 24, Fax 044 64/94 21 26, pro Person 30–45 €.
Komfortables Hotel an der Harle.
Hotel-Restaurant Harlesiel:
Am Yachthafen 30, Harlesiel, Tel. 044 64/948 00, Fax 044 64/82 28, www.hotel-harlesiel.de, EZ 50/61 €, DZ 42/67 €.
Topp-Lage am Yachthafen, etwa 250 m vom Nordseestrand. Appartements für 2 Erwachsene mit 1 oder 2 Kindern. Halbpension, Hallenbad und Sauna.
Landhaus an der Harle: Info: Müller, Altfunnixsiel 50, 26409 Wittmund, Tel. 044 64/229, Fax 044 64/94 26 40, www.casa-mare.de/landhaus.
Zwei Ferienwohnungen für 2–5 Personen in einem alten Landhaus in Altfunnixsiel mit Garten und Terrasse, Spielplatz für Kinder. Preise auf Anfrage.
Campingplatz Harlesiel: Tel. 044 64/ 80 46, im Winter Tel. 044 64/949 30, Fax 044 64/94 93 23, Mai–Sept.
Am Badestrand. Nebenan: beheiztes Meerwasser-Freibad.

Carolinensiel

Carolinensiel / Harlesiel

 Am Hafen und an der Harle verlocken zahlreiche gemütliche Cafés und Restaurants zur Einkehr.

Küsten-Räucherei Joh. Albrecht GmbH: Friedrichsschleuse 7, Mo–Sa 9–20, So 10–20 Uhr, Fischverkauf nur bis 18.30 Uhr.
Fisch-Feinkost und Imbiss zwischen Harlesiel und Carolinensiel direkt an der Harle (auf der linken Seite von Carolinensiel kommend) – hier stimmt das Preis-Leistungs-Verhältnis, Fischbrötchen 1,50–3 €, Hauptgerichte 5 (Matjesteller) bis 10 € (Fischplatte). Ein schöner Zwischenstopp auf dem Weg von Carolinensiel nach Harlesiel.

Café/Pizzeria Piccolo: Pumphusen 7, Tel. 04464/8279, tgl. 11–14.30, 17–22, in der Hauptsaison 11–23 Uhr.
Kinderfreundliche Pizzeria mit einfachen Gerichten, Kinderpizza gibt's für 2,50 €, Pizzen und Nudeliges 4,50–9,50 €.

Tüdelpott: Pumphusen 10, Tel. 04 464/8349, www.tuedelpott.de, tgl. ab 14 Uhr.
Im reetgedeckten Kapitänshaus an der Uferpromenade werden u. a. Ostfriesen-, Teekirschen- und Cappucinotorte serviert. Über 30 Teesorten, die auch im Online-Shop bestellt werden können. Vermietung von Tret- und Ruderbooten.

Sielkrug: Pumphusen 4–6, Tel. 04 464/94 88 00, 11.30–13.45 und ab 17 Uhr.
Deftige ostfriesische Küche, Fisch und Fleisch, Stammessen um 8 €. Hier machen auch viele Reisegruppen Station.

 Bus: Bäderbus verkehrt zwischen Norden und Carolinensiel-Harlesiel.

Hucke-Bike-Bus: Fahrradservice der Weser-Ems-Bus GmbH, Ende Mai bis Ende Sept. Der aktuelle Fahrplan ist bei der Kurverwaltung erhältlich oder Weser-Ems-Bus GmbH Tel. 044 61/949 00.

Schiff: Pendelverkehr auf der Harle. Der Seiten-Raddampfer Concordia II verkehrt in der Saison alle 90 Min. zwischen dem Museumshafen in Carolinensiel und dem Fährhafen in Harlesiel: ab Museumshafen Carolinensiel (10–17.30 Uhr), ab Harlesiel-Binnenhafen (10.45–18.15 Uhr).

Flugplatz: Luftverkehr Friesland-Harle, Tel. 044 64/948 10. Flüge u.a. nach Wangerooge.

Ziele in der Umgebung

See- und Inselfahrten: Reederei Albrecht, Carolinensiel, Tel. 044 64/13 06, Fax 044 64/80 37, www.reedereialbrecht.de. Ab Harlesiel Westhafen zu den Seehundbänken, auf Krabbenfang, zu den Inseln.

Insel Wangerooge (E 2): s. S. 105.

Freizeitpark Lütge Land: Altfunnixsiel (D 3): 5 km südlich von Carolinensiel, Friesenkamp, Mai–Okt. 9.30–19 Uhr.
Kinder haben ihren Spaß an einem Abstecher in den Freizeitpark. Modelle bekannter Bauwerke im Maßstab 1:25, Elektroboote, Kinderspielplatz.

Wittmund: Ein Bummel durch das Zentrum lohnt vor allem an den Markttagen (Mo und Do). Von dem 1764 von Friedrich dem Großen geschleiften Wittmunder Schloss blieb nur die Wallanlage: Beim Hotel Residenz in der Nähe des Rathauses/TouristenInfo beginnt der Spaziergang zum Festungswall. Eine Sammlung aus Landwirtschaft und Handwerk ist im Heimatmuseum in der Peldemühle zu besichtigen: Esener Str., April–Okt. Di–Sa 10–12.30, 14–17.30 Uhr, in den Sommerferien durchgehend, So 10–12 Uhr.

Freizeitpark Isums: in Wittmund-Isums. Erlebnisfreibad, Kinderspielanlagen, Bootsverleih.

Cuxhaven

Highlight

Cuxhaven (H/J 2)

Auf drei Seiten von Wasser umgeben, ragt die Hafenstadt (53 000 Ew.) wie eine Halbinsel ins Meer. Sie liegt an der Mündung der Elbe am meist befahrenen Schifffahrtsweg der Welt – Containerschiffe, Tanker, Fracht- und Küstenschiffe ziehen hier vorbei. Das Nordseeheilbad besteht aus elf Stadtteilen (Kurteilen), die für ihre schönen Badestrände bekannt sind. Das historische Zentrum der heutigen Stadt bildet Schloss Ritzebüttel, das 1394 von der Hansestadt Hamburg erworben wurde, um von hier aus die Einfahrt in die Elbe besser sichern zu können. Bis 1937 blieb die Landspitze zwischen Elbe und Weser hamburgisch. Der wirtschaftliche Aufstieg Cuxhavens (der Name kommt von Koogshafen = Hafen am Koog, also am eingedeichten Vorland) begann 1892, als sich hier die kaiserliche Marine etablierte.

Sehenswert

Die **Alte Liebe** ist das Herz der Stadt: An der Einfahrt zum Alten Hafen liegt das anno 1732 als Wellenbrecher um drei Schiffswracks erbaute, im 19. Jh. mehrmals verstärkte Hafenbollwerk. Von hier starten die Schiffe nach Neuwerk, zu den Seehundbänken und nach Helgoland. Neben der Alten Liebe steht das Semaphor, ein Windstärken- und Windrichtungsanzeiger von 1884. Es wird jeweils nach den aktuellen Wettermeldungen eingestellt.

Spaziergang Richtung Kugelbake: In nördlicher Richtung schließt sich die sanft geschwungene grüne Grimmershörn-Bucht an. Linker Hand passiert man den Kurpark, eine schöne Anlage mit Tiergehegen, Seehundbecken und Seevogelwiesen. Das in unmittelbarer Nähe der Kugelbake gelegene Fort Kugelbake wurde auf Betreiben Preußens von 1869–1879 zur Verteidigung der Einfahrt in die Elbe gebaut (Besuch nur mit Führung möglich, Juli, Aug. 2–3 x tgl., Terminplan im Internet: www.cuxhaven.de). Die Kugelbake, auf der äußersten Landspitze zwischen Weser und Elbe, ist das Wahrzeichen der Stadt.

Fischereihäfen, südlich der Alten Liebe: Cuxhaven ist neben Bremerhaven der wichtigste deutsche Fischereihafen, er bietet ein interessantes Ambiente zum Fischkaufen und Fischessen, s. Tipp S. 56). Auf dem Weg zum Fischereihafen liegt das im April 1988 in den ›Ruhestand gegangene‹ Feuerschiff »Elbe 1«, das heute als Museum dient (Mitte April–Okt. Di–So 13–18 Uhr).

Fisch- und Flohmarkt: März–Nov. 1–2 x pro Monat, 9–18 Uhr, mit Marktschreier, Karussel… Verkauf von frischen Krabben (Termine im Internet: www.cuxhaven.de).

Steubenhöft und Hapag-Hallen: Von der 1912 gebauten Anlegestelle für Überseeschiffe legten früher die Luxus-Liner nach Amerika und viele Auswandererschiffe in die Neue Welt ab.

Schiffsansagedienst

Wer träumt nicht gern von der großen weiten Welt. In Cuxhaven kann man sich Tagträumen hingeben. Auf der Alten Liebe, am Steubenhöft sowie in einigen Restaurants und Cafes informiert ein Schiffsansagedienst über Nationalität, Ladungsart und Zielhafen der vorbeifahrenden Schiffe.

Cuxhaven

Von April–Aug. gehen hier Kreuzfahrtschiffe vor Anker, alle zwei Tage auch die Englandfähre. Von der Aussichtsplattform kann man den vorbeiziehenden Schiffen hinterherträumen. Gelegentlich Führungen in den Hapaghalle, Termine im Veranstaltungskalender, auch in der Tagespresse.

Stadtmuseum: In dem Ende des 14. Jh. errichteten, von einem Park umgebenen Schloss Ritzebüttel (April–Nov. Di, Do 10–12, Fr, Mi 15–17, Sa, So 10–12 Uhr, im Winter reduzierte Öffnungszeiten) sowie dem schräg gegenüberliegenden Reye'schen Haus, einem um 1780 erbauten Kaufmannshaus (Südersteinstr. 38, Mo–Fr 9–13, Di–Fr 15–18, Sa 10–13 Uhr), ist das Stadtmuseum untergebracht.

Wrackmuseum: Dorfstr. 80, im Ortsteil Stickenbüttel, in der Saison Di–Fr 9–13, 15–18, Sa, So 10–13, 15–18 Uhr.
Vom Meeresgrund geborgene Wrackteile und Reste der Ladung erzählen ergreifende Geschichten von der Schifffahrt und menschlichen Schicksalen – spannend auch für Kinder.

Nationalpark-Zentrum Cuxhaven: Am Strandzugang, Sahlenburg, www.nationalpark-wattenmeer-cuxhaven.de, Juli, Aug. Mo–Fr 9–17, Sa, So 14–18 Uhr, Juni, Sept. Fr nur 9–13, im Winter Mo–Do 9–16, Fr 9–13, So 14–17 Uhr.

Cuxhaven

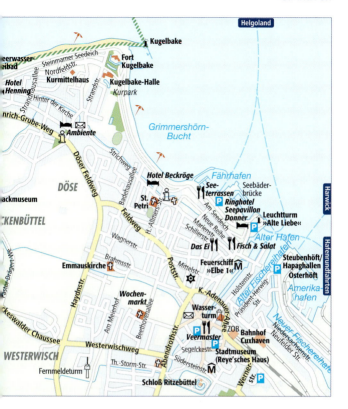

Infos über den Nationalpark und das Cuxhavener Wattengebiet: Schautafeln, flutbares Tidemodell, Wattbodenmodell, Seevogelvitrine mit abrufbaren Vogelstimmen und Seewasseraquarien, viele Veranstaltungen, Exkursionen.

Sport & Strände

Ausgedehnte **Sandstrände** in Döse, Sahlenburg (auch Surferstrand) und Duhnen (auch FKK-Strand); in Altenbruch und Grimmershörn findet man grüne Strandwiesen.
Seewasser-Freibad Steinmarne: Neptunweg, Duhnen, Juni–Aug. tgl. 9–19 Uhr. Am Strand zwischen Döse und Duhnen.
Waldfreibad: Wernerwaldstr., Sahlburg, Juni–Aug. tgl. 8–18 Uhr.
Erlebnisbad ›Ahoi‹: Wehrbergsweg 32, am Duhner Strand, Duhnen, www.ahoi-cuxhaven.de, in der Saison tgl. 9–21, Sauna 10–22 Uhr, mit Brandungsbecken und Kinderparadies.
Segeln: Die Nordsee vor Cuxhaven ist ein hervorragendes Revier. Die Sportschifferschule Cuxhaven bietet Kurse zum Erwerb aller Segelscheine an, auch speziell für Kinder. Info Tel. 047 21/462 69, Fax 047 21/462 29.
Surfen: Der beste ausgewiesene Surfstrand ist der Sahlenburger Strand. Mobile Surfschule: Funny Windy, auch Verleih, Tel. 0172/599 44 99.

Cuxhaven

Fischereihafen

Im Fischereihafen findet man zahlreiche Fischhändler und einfache Fischrestaurants, in denen man auf Holzbänken sitzen und Hafenatmosphäre schnuppern kann. Es gibt fangfrische Fische, Räucherfisch aus eigener Räucherei, Salate, Konserven. Den Fisch kann man sich auch transportsicher auf Eis verpacken lassen. Die Öffnungszeiten Fischhandel bzw. Restaurants tgl. zwischen 7/8–18/21 Uhr. Empfehlenswert sind u.a. die Fischlokale Seeteufel, Fischbörse und Altes Fischkontor in der Präsident-Herwig-Straße; Bohlsen-Räucherfisch, die Fischkiste und Meeresfrüchte in der Niedersachsenstraße Halle 10; Frühstück ab 3 €.

Küsten-Golfclub Hohe Klint: Oxstedt, Tel. 047 23/727 37, www.golf-cuxhaven.de.
18-Loch-Golfplatz in landschaftlich reizvoller Lage auf einem Geestrücken.

Ausgehen

Nautiko: Poststr. 11, tgl. 19–2 Uhr. Urige Kneipe – genau richtig nach einem stürmischen Nordseetag. Szenetreff für Leute ab Mitte 20, in letzter Zeit auch jüngeres Publikum. Mit Billard, Dart.
Diskothek Felix: Humphry-Davy-Str. 10, Mi, Fr, Sa 22–5 Uhr.
Eine Großraumdisco auf zwei Ebenen, verschiedene Musikrichtungen.
Flair: Bahnhofstr. 8.
Nachtschwärmer-Disco. Wenn alles schon geschlossen ist, tanzt hier noch der Bär bis zum Morgengrauen.
Janssen's Tanzpalast: Jacobstr. 21, Cuxhaven Lüdingworth, www.disco-jtp.de, Sa, vor Feiertagen 21–5 Uhr. House, Techno, Swing, Funk auf drei Musik-Ebenen, jeden dritten Fr Ü 30 Party.

Feste & Unterhaltung

Im Sommerhalbjahr vergeht kaum eine Woche ohne Fest. Schön ist der **Cuxhavener Töpfermarkt** rund um das Schloss Ritzebüttel im Mai.
Juni, Juli: **Tag der Shanty-Chöre:** Festival mit Chören aus dem In- und Ausland; **Sahlenburger Dorffest** mit Flohmarkt und Musik; **Cuxhavener Neptun-, Oldtimer- und Veteranentreffen; Cux-Beach-Jever-Fun-Cup,** größtes Strandvolleyballturnier an der Nordseeküste.
Aug.: **Internationales Drachenfestival & Strandfest** in Cux-Altenbruch, mit Drachenrock und Feuerwerk.
Duhner Wattrennen: s. S. 56.

Kinder

Im Gastgeberverzeichnis sind kinderfreundliche Unterkünfte mit einem gelben Smiley, die sehr kinderfreundlichen Quartiere mit einem orangen Smiley gekennzeichnet. Im Veranstaltungskalender CUX-Tipps weist ein gelber Smiley auf Veranstaltungen für Kinder und Jugendliche hin.

 PLZ: 27472–27478, s. jeweilige Einrichtung.
CUX-Tourismus GmbH: Cuxhavener Str. 92, 27476 Cuxhaven-Duhnen, Fax 047 21/40 41 99, Info-Hotline 01805/60 15 00, Buchungs-Hotline 01805/60 16 00 (0,12 € pro Min.), www.cuxhaven.de.
Information und Zimmervermittlung.
… im Zentrum und Grimmershörn Touristic GmbH: 27472 Cuxhaven, Tel. 047 21/360 46, Fax 047 21/ 525 64, www.cuxhaven-touristic.de.

Cuxhaven

 Villa Caldera: Döser Seedeich 4, Tel. 047 21/350 44, Fax 047 21/345 81, www.villa-caldera.de, pro Person 35–45 €.
Jugendstilvilla hinter dem grünen Deich, 50 m vom Badestrand. Romantisch eingerichtete Einzel- und Doppelzimmer, einige mit Seeblick und Balkon.
Hotel Beckröge: Dohrmannstr. 9, Tel. 047 21/569 10, Fax 047 21/56 91 19, www.hotel-beckroege.de, pro Person 41–51 €.
Stilvolle alte Villa schräg gegenüber vom Fähranleger, zehn Doppelzimmer, einige davon mit Blick über den Deich auf den Weltschiffahrtsweg.
Ringhotel Seepavillon Donner: Bei der Alten Liebe 5, Tel. 047 21/56 60, Fax 047 21/56 61 30, www.seepavillon-donner.de, 70–113 €, viele 2–3–7 Tage-Pauschalangebote.
Das luxuriöse 100-Betten-Haus bietet einen ›Fensterplatz am Tor zur Welt‹. Weitere Pluspunkte: Wellness-Bereich mit Seeblick: Hallenbad, Sauna, Solarium, Bistro, Café und Restaurant.

... in Döse
CUX-Tourismus GmbH: 27476 Cuxhaven, Tel. 047 21/470 81/-82, Fax 047 21/470 24.
Familiengerechte Ferienwohnungen: Fam. Timmermann, Hinter der Kirche 33 und 35, Tel. 047 21/492 82, Fax 047 21/285 88. Vier Wohnungen für 4–6 Pers., 36–67 €.
Altes Bauernhaus nur 5 Gehminuten vom Strand, Kutschfahrten möglich.
Hotel Henning: Steinmarner Trift 8, Tel. 047 21/484 44, Fax 047 21/469 99, pro Person 35–46 €.
Kleines, aber feines Familienhotel in zentraler, strandnaher Lage zwischen Duhnen und Döse.

... in Duhnen
CUX-Tourismus GmbH: 27476 Cuxhaven, Tel. 047 21/404142, Fax 047 21/40 41 99, www.cuxhaven.de.
Jugendherberge: Schlensenweg 2, Tel. 047 21/485 52, Fax 047 21/457 94, Mitte Dez.–Jan. geschl.
Freundliche Herbergsleitung und strandnahe Lage; 280 Betten.
Gästehaus Pape: Nordstr. 18, Tel. 047 21/487 59, Fax 047 21/44 47 64.
Sehr einfaches, hässliches, dafür aber preiswertes Gästehaus am Strand. EZ, DZ mit fließend Kalt- und Warmwasser, Etagen-WC, Küchenbenutzung morgens und abends, 13 €, auch Ferienwohnungen für 2 Pers. 35–39 €.
Christiansen's Hotel: Robert-Dohrmann-Platz 2, Tel. 047 21/ 431 20, Fax 047 21/43 12 24, pro Person 33–35 €.
Vergleichsweise kleines, familiäres Haus mit 10 DZ, 1 EZ. Gästeküche und Garten mit Liegewiese; zentral und strandnah gelegen. Im hauseigenen Restaurant Nordstuv stehen regionale und maritime Spezialitäten auf der Speisekarte.
Ferienanlage Duhnen: Wehrbergsweg 15–25, Tel. 047 21/4 30 30, Fax 047 21/43 03 30, www.ferienanlage-duhnen.de, pro Person 35–115 €.
Wohnungen für 2–6 Pers. mit Wintergarten oder Balkon. Zur familienfreundlichen Anlage gehören mehrere Spielplätze, Saunen, Solarium und 10 000 m² Garten mit Grillanlage und windgeschützter Liegewiese. 200 m zum Meerwasserbrandungsbad und Strand.
Strandhotel Duhnen/Aparthotel Kamp: Duhner Strandstr. 5–9, Tel. 047 21/40 30, Fax 047 21/40 33 33, Aparthotel Tel. 40 31 04, www.kamp-hotels.de, pro Person 74–103 €.
Die allerfeinste Lage für Familien mit Kindern, nämlich direkt an der Strandpromenade. Ferienhotel mit großzügi-

Cuxhaven

gem Wellness- und Fitness-Bereich und Restaurant ›Vier Jahreszeiten‹. Direkter Anschluss an das 1998 eröffnete Aparthotel Kamp mit seeseitigen Aparements für 4 Pers. (118–143 €).

… in Sahlenburg
CUX-Tourismus GmbH:
27476 Cuxhaven, Tel. 047 21/280 28, Fax 047 21/292 30,
www.cuxhaven.de
Hotel Muschelgrund: Muschelgrund 1, Tel. 047 21/20 90, Fax 047 21/20 92 09, www.muschelgrund.de. Komfortable, moderne Zimmer, teilweise mit Seeblick und Loggia, pro Person 44–57 €. Im Haus Sauna, Solarium, Dampfbad und Whirlpool.

…. auf der Insel Neuwerk
Hotel Nige Hus: 27499 Neuwerk, Tel. 047 21/295 61, Fax 047 21/288 25, www.inselneuwerk.de,
pro Person 36–41 €.
Zwei-, Mehrbettzimmer und Suiten, rustikale Gemeinschaftsunterkünfte für Gruppen. Hauseigene Fischräucherei, Bäckerei, Restaurant ›Zum Anker‹ – hier kehren auch die Wattführer ein.

In Cuxhaven gibt es 13 Campingplätze (ausführliche Broschüre über die CUX-Tourismus GmbH erhältlich, s. oben).
Campingplatz Wernerwald:
Wernerwaldstr., Sahlenburg,
Tel. 047 21/290 12.
Geschützte Lage mitten im strandnahen Wald, auch Wintercamping.
Campingplatz ›Am Welt Schifffahrtsweg‹: Altenbruch,
Tel. 047 22/22 01.
Platz hinter dem Deich am östlichen Rand von Cuxhaven. Vom Grünstrand lassen sich die vorüberziehenden Schiffe in der Elbmündung beobachten.

Fisch und Salat: Neue Reihe 1, Tel. 047 21/523 86, 11–22 Uhr, Gerichte 5–12 €.
Café-Restaurant in der Nähe der Alten Liebe, mit einer großen Auswahl an warmen und kalten Speisen.
Veermaster: Bahnhofstr. 6–8, in der Nähe des Wasserturms, Tel. 047 21/390 90, tgl. 11–21.30 Uhr.
Gut besuchtes, maritim eingerichtetes Restaurant, in dem das Preis-Leistungs-Verhältnis stimmt, Hauptgerichte 7.50 (Seelachsfilet) – 25 € (Krustentierteller).
Seeterrassen: Am Seedeich 35, Tel. 047 21/377 00, tgl. 11.30–21.30 Uhr, Hauptgerichte ab 7 (Spagetti Napoli bis 33 € (Nordsee Seezunge), Tagesgerichte bis 17 Uhr ab 5 €.
Fisch- und Fleischspezialitäten mit Blick auf den meistbefahrenen Schifffahrtsweg der Welt – mit Schiffsansage!
Das Ei: Marienstr. 73, Tel. 047 21/55 43 34, www.das-ei-cuxhaven.de, tgl. ab 19 Uhr, Gerichte ab 7,50 €.
Hübsches kleines Restaurant mit kleiner, aber netter Speisekarte, z.B. Rahmblattspinat mit Schafskäse auf Kartoffelrösti. Das zu den Mahlzeiten gereichte Brot ist warm und selbstgebacken.

 Bahn: Von Hamburg und Bremen/Bremerhaven fährt der RegionalExpress im Stundentakt nach Cuxhaven.
Bus: Der Bäderbus fährt vom Bahnhof. Haltestellen: Alte Liebe, Zentrum, Grimmershörn, Döse, Kurpark, Strandhaus Döse, Duhnen, Stickenbüttel (Wrackmuseum), Sahlenburg.
Strandbahnen: Die ›Jan-Cux-Strandbahn‹ und die ›Cuxi-Bahn‹ verkehren von Ende März–Ende Okt. von 9–18 Uhr jede Stunde zwischen Duhnen, Döse und dem Hafen; Abfahrtszeiten siehe Fahrplanschläge an der Strandpromende oder Veranstaltungskalender CUX-Tipps.
Englandfähre: nach Harwich, s. S. 37.

Cuxhaven

Ziele in der Umgebung

Schiffsausflüge: Mit den MS ›Jan Cux‹ Schiffen: Hochseeangeln in der Nordsee rund um Helgoland (ca. 10 Std.); Fischereifahrt verbunden mit großer Hafenrundfahrt (ca. 2 Std.); Fahrten zu den Seehundbänken und speziell für Kids: Seeräuberfahrt mit Piratentaufe; alle Touren Abfahrt ab Alte Liebe. Info: am Anleger bzw. Reederei NARG, Kapitän-Alexander-Str. 19, 27472 Cuxhaven, Tel. 725 01, Fax 72 51 00, www.reederei-narg.de, www.hochsee-angeln.de.

Neuwerk (H 1): s. Tour 5, S. 116f. Wattwanderungen und Fahrten mit dem Pferdewagen nach Neuwerk von Duhnen und Sahlenburg.

Wattfahrten: Anbieter u. a. J. Brütt, Tel. 047 21/481 39; E. Brütt, Tel. 047 21/40 02 00; auf Neuwerk: C. Fock, Tel. 047 21/90 44; T. Fischer Tel. 047 21/287 70, Griebel 047 21/290 76.

Altenbruch (J 2) und **Lüdingworth (J 2):** Mittelalterliche Bauernkirchen in der näheren Umgebung Cuxhavens zeugen vom früheren Wohlstand des Landes Hadeln.

Nordholz-Spieka (H 2/3): Mitten im grünen Wurster Land liegt Nordholz mit einem hübschen Kutterhafen in Spieka-Neufeld. Sehenswert ist das Deutsche Luftschiff- und Marinefliegermuseum Aeronauticum am Haupteingang zum 1913 gegründeten Marineflugplatz. Während des Ersten Weltkriegs waren 42 der insgesamt 76 Luftschiffe der früheren Kaiserlichen Marine in Nordholz stationiert. Zu sehen sind maßstabsgetreue Nachbildungen, u.a. der 245 m langen, legendären ›Hindenburg‹ (Juli, Aug. tgl. 10–18, März–Okt. Mo–Sa 13–17, So 10–18 Uhr, www.nordholz-spieka.de). Ganz anderer Art ist das Kuriose Muschelmuseum (Mühlenstr. 41, April–Okt. tgl. 14–17 Uhr, Mai, Sept. Fr geschl.)

Helgoland: (s. S. 101f.), tgl. mit der »MS Wappen von Hamburg« oder dem Hanse-Jet, Info am Anleger oder Tel. 01 80/320 20 25 (0,13 € pro Min.), www.frs.de.

Von Cuxhaven geht es mit der ›MS Flipper‹ nach Neuwerk

Dangast / Varel

Highlight

Dangast / Varel (F 5)

Das traditionsreiche Nordseebad Dangast ist das älteste Seebad an der deutschen Nordseeküste (25 000 Ew.). Durch seine Lage auf einem Geestrücken am Jadebusen bietet es ein besonderes Flair, das an der Wattenmeerküste seinesgleichen sucht. Wenige Kilometer südlich liegt Varel. Im 16. Jh. erkoren die Oldenburger Grafen den Ort zu ihrem Sommersitz. Das Schloss wurde jedoch 1871 dem Boden gleichgemacht. Eine gute Aussicht über die Stadt zwischen Wald und Meer bietet sich vom alten Wasserturm (Oldenburger Str. 62, tgl. 8–16 Uhr) am südlichen Stadtrand.

Sehenswert

... in Dangast

Nationalpark-Haus ›Alte Schule‹: Zum Jadebusen 179, April–Okt. Di–Fr 10–12, 14–18 Uhr, Sa, So 14–18 Uhr. Informationen über den Nationalpark Niedersächsisches Wattenmeer, mit Aquarien, Spielmöglichkeiten, Garten der Sinne.

Kunstmuseum: Franz-Radziwill-Haus, Sielstr. 3, in der Saison Do–Sa 15–18, So 11–18 Uhr. Zu Beginn des 20. Jh. ließen sich Maler der Künstlergruppe »Die Brücke« – darunter Heckel, Pechstein und Schmidt-Rottluff – in Dangast nieder. 1923 kam auch Franz Radziwill, einer der bekanntesten Künstler der klassischen Moderne, hierher. In dem ehemaligen Wohnhaus und Atelier sind seine Bilder ausgestellt.

... in Varel

Schlosskirche: Am Schlossplatz, tgl. 11–16 Uhr. Die alte friesische Wehrkirche entstand ab Mitte des 12. Jh. in mehreren Bauabschnitten. Die überaus prächtige Ausstattung – Altar, Kanzel (1613/1614) und Taufstein (1618) – sind Werke des berühmten Hamburger Bildhauers Ludwig Münstermann.

Heimatmuseum Varel im Schienfatt: Neumarktplatz 3, Mai–Okt. Do, So 10–12 Uhr. Sammlung zur Geschichte des Ortes und der Edlen Herrschaft Varel ab 1667.

Vareler Windmühle: s. Tour 4, S. 114.

Vareler Hafen: Einige Kilometer nördlich des Ortes liegt der schönste Teil Varels. Durch die 1977 angelegte Seeschleuse wurde der Hafen zwar vom Meer abgetrennt, doch Fischkutter und Sportboote legen hier weiterhin an. Am Hafen liegt das Kuriositätenmuseum »Spijöök«, Pfingsten–Ende Sept. Sa, So 15–17 Uhr.

Kunst am Deich: Skulpturenweg geschaffen für die Expo 2000. Den Weg von Dangast nach Mariensiel säumen sieben Skulpturen zum Thema ›Die sieben Tage der Schöpfung‹. Ein weiteres Kunstprojekt: sieben Skulpturen zum Thema ›Sintflut‹ auf dem Deich zwischen Varel und Eckwarderhörne.

Statuen und Kunstobjekte auch am Dangaster Strand: Einige der Objekte werden regelmäßig bei Flut überspült.

Sport & Strände

Vor Dangast erstreckt sich schöner Sandstrand.

DanGast-Quellbad: Edo-Wiemken-Str. 61, April–Okt. tgl. 9–21, Nov.–März eingeschränkte Öffnungszeiten, mit Großwasserrutsche und Erlebnisbecken. Freibad und Hallenbad in Varel.

Kinderspielräume im DanGast-Haus: Am Alten Deich, Mo–Fr 9.30–12, 14.30–17.30, Sa, So 9.30–12 Uhr.

Bauern- und Pferdehof Funke: ›Dangaster Weide‹, Zum Jadebusen

Dangast / Varel

177, Dangast, Tel. 044 51/65 20.
Reiten, Kutschfahrten, Zucht, Verkauf.
Reit- und Fahrverein Obenstrohe e.V.: Heidebergstr. 7, Varel/Obenstrohe, Tel. 044 51/37 91.
Ponyreiten, Reitunterricht.
Reitanlage Langner: Birkenweg 15, Rallenbüschen, Tel. 044 51/38 69.
Pferdedepension und Reitunterricht.
Woschech-Elebracht: Goldene Linie 8, Moorhausen, Tel. 044 51/76 65.
Unterricht, Beritt, Kutschfahrten.

Einkaufen
Wochenmarkt: Neumarktplatz, Varel, Mi, Sa 7.30–12.30 Uhr.

 Kurverwaltung: Am Alten Deich 4–10, 26316 Dangast, Tel. 044 51/911 40, Fax 044 51/91 14 35, Zimmervermittlung: Tel. 91 14 13, www.dangast.info.
Touristen-Information:
im Rathaus, Windallee 4, Varel, Tel. 044 51/12 61 32, www.varel.de, Mai–Sept. Mo–Fr 8.30–18, Sa 9–13, Okt.–April Mo–Fr 8.30–17 Uhr.

Pension Altes Posthaus: An der Rennweide 38, Dangast, Tel. 044 51/833 53, Fax 044 51/832 44, www.dangast.com/posthaus, pro Person 27–47 €.
Liebevoll renoviertes Haus auf einem Waldgrundstück; zwei Min. zum Strand.
Hotel Garni Up'n Diek:
Edo-Wiemken-Str. 58, Dangast, Tel. 044 51/95 94 94, Fax 044 51/95 94 00, www.dangast.com/up-n-diek, pro Person 25–39 €.
Komfortable, moderne Zimmer in zentraler Lage in unmittelbarer Nähe des Badestrandes. Frühstücksraum mit Blick auf den Jadebusen, Bierkeller.
Hotel Friesenhof: Neumarktplatz 4–6, Varel, Tel. 044 51/92 50, Fax 044 51/92 52 00, pro Person ab 31 €.
Traditionsreiches Hotel mitten in der Stadt; mit Sauna, Solarium und Fitnessraum.
Camping Dangast: Auf der Gast, Dangast, Tel. 044 51/91 14 22, Mitte April–Mitte Okt.
Am Jadebusen, im Osten des Ortes.
Campingplatz Rennweide:
am Strand im Ortszentrum, Dangast, Tel. 044 51/31 61, April–Sept.
Camping auf dem Bauernhof Dangaster Weide: Zum Jadebusen 177, Dangast, Tel. 044 51/65 20, ganzjährig.

Kurhaus-Klause: An der Rennweide, beim Alten Kurhaus, Dangast, Tel. 044 51/59 25, Mi, Do, Sa 14.30–1.30, Fr ab 19, So 14.30 Uhr–Sonnenuntergang.
Bei Willem sitzt man direkt oberhalb des Badestrandes – klein und nicht zu fein, drinnen und draußen. Es gibt heiße Getränke, Kaffee und Kuchen.
Restaurant und Teestube Gröningshof: Oldeoogstr. 12, Dangast, Tel. 044 51/35 32, Di geschl., Mittagskarte 5–8 €, Hauptgerichte 8–17 €.
Der Gröningshof ist in einem alten Marschenhof am Ortseingang zu finden. Liebevoll eingerichtete Gaststube, freundliche Bedienung.
Fischrestaurant Aal und Krabbe:
Vareler Hafen, Tel. 044 51/30 91, in der Saison tgl. 11.30–14, ab 17.30 Uhr.
Der Fisch ist frisch vom Kutter, die Krabben von Hand gepult – und man sitzt direkt am Wasser, ab 9.50 €.
Gaststätte Vareler Hafen:
Tel. 044 51/21 61, Mo geschl.
Schräg gegenüber vom Fischrestaurant Aal und Krabbe liegt die Gaststätte Vareler Hafen, die etwas rustikaler und bei schlechtem Wetter gemütlicher ist, Hauptgerichte 10–17,50 €.

Dangast / Varel

Altes Kurhaus: An der Rennweide, Tel. 044 51/4409,
Fr, Sa und So 9–19 Uhr.
Das Kultcafe am Jadebusen – im alten Kurhaus oberhalb des Badestrandes mit großer Seeterrasse. Altmodisch-charmante Atmosphäre. Kaffee und Selbstgebackenes, Selbstbedienung, die Preise sind bodenständig – legendären Ruf genießt der Rhabarberkuchen.

 Bahn: Varel ist eine Station an der Strecke Oldenburg–Wilhelmshaven.
Bus: Regelmäßige Verbindung zwischen Dangast und Varel.

Ziele in der Umgebung
Arngaster Leuchtturm (F 5): Im Sommer werden gelegentlich geführte Wattwanderungen zum Leuchtturm angeboten.
Bootstouren: Tagesfahrten von Dangast mit dem Oldtimer MS » Etta von Dangast« im Bereich des Jadebusens, nach Wilhelmshaven, zu den Seehundbänken und zum Leuchtturm (keine Besichtigung). Infos: Aushang am Hafen oder Tel. 044 51/79 63, Fax 044 51/56 81, www.ettavondangast.de.
Jaderberg (F 5): Der Tier- & Freizeitpark, Tiergartenstr. 69, April–Okt. tgl. 9–18 Uhr, im Winter kürzer.
›Affenstarken Spaß‹ verspricht Deutschlands zweitgrößter Privatzoo mit über 400 Tieren und vielen Fahrattraktionen wie Achter- und Schwebebahn, Riesentrampolin usw.
Neuenburger Urwald (E 5): ca. 13 km westlich von Varel, s. Tour 4, S. 114.
Nordwestdeutsches Schulmuseum Friesland (E 5): in Zetel/Bohlenbergerfeld, 12 km nordwestlich von Varel, www.schulmuseum.de.

Highlight

Dornumersiel / Dornum (C 3)

Zum ›Land der Doroness‹ gehören das Nordseebad Dornumersiel, der Erholungsort Dornum, der Küstenbadeort Neßmersiel und der Flecken Nesse (GEsamtgemeinde 4700 Ew.). Dornum ist ein charmantes Städtchen mit historischen Sehenswürdigkeiten aus der Ära der ostfriesischen Häuptlinge. Zeugen der alten ›Herrlichkeit‹ sind u. a. eine Burg, ein Schloss und eine Kirche. Maritimes Kontrastprogramm bietet das knapp 5 km nördlich gelegene Dornumersiel. Stiller geht es in Neßmersiel zu, hier legt die Fähre nach Baltrum, der kleinsten Ostfriesischen Insel ab.

Sehenswert
... in Dornum:
St. Bartholomäus-Kirche: Kirchstr. 19, April–Mitte Okt. 10–12, 15–17 Uhr. Der von außen schlichte Backsteinbau aus dem letzten Drittel des 13. Jh. beeindruckt im Inneren mit seiner prächtigen barocken Ausstattung. Berühmt ist die von Gerhard von Holy aus Aurich um 1710/11 geschaffene Orgel.
Jüdischer Friedhof: Vom Markt in Dornum führt ein schmaler Weg zum versteckten Friedhof. Der älteste Grabstein datiert von 1721.
Gedenkstätte Synagoge: Kirchstr.: Fr, Sa, So 15–18 Uhr. In der einzigen in Ostfriesland erhaltenen Synagoge erzählt die Austellung ›Bilder und Exponate aus dem jüdischen Leben aus mehreren Jahrhunderten‹ die Geschichte der jüdischen Gemeinde in Dornum – von 1775 bis zu ihrer zwangsweisen Auflösung 1940.
Dornumer Schloss: In einem weitläufigen Park gelegenes Wasserschloss

Dornumersiel / Dornum

(1678), in dem seit 1951 die Kreisrealschule untergebracht ist.
Beningaburg: Von einem Graben umgebene trutzige Häuptlingsburg in Dornum. Der Ostflügel mit rundbogiger Durchfahrt ist von 1567.
Oma-Freese-Huus: Beningalohne, Di, Do 11–12, 15–17, So 15–17 Uhr oder nach Vereinbarung Tel. 13 43. Dornumer Heimatstube.
Bockwindmühle: Bahnhofstr., Richtung Aurich, Mai–Sept. Mi, Sa 10.30–12.30 Uhr, Führungen auf Wunsch, Tel. 13 43.
Die Ständermühle aus dem Jahr 1626 ist eine der letzten ihrer Art. Ist sie in Betrieb, dreht sich das ganze auf einen Bock montierte Mühlenhaus in den Wind.
....in Dornumersiel:
Nordseehaus Dornumersiel, Nationalpark-Informationszentrum: Oll Deep 7, Tel. 15 65, www.nationalparkhaus-dornumersiel.de, April–Nov. Di–Fr 9–17, Sa, So 13–17 Uhr.
Hier erhält man ausführliche Infos zum Wattenmeer.

Sport & Strände
In Dornumersiel und im benachbarten Neßmersiel gibt es westlich des Hafens sandigen Badestrand. Über eine Brücke vom Hauptstrand in Dornumersiel zu erreichen ist die ›Barke‹, ein moderner Komplex mit 60 m hohem Aussichtssturm, Umkleideräumen, sanitären Anlagen, Babywickelraum und Kiosk.
Meerwasserfreibad Doroness: Dornumersiel, Ende Mai–Anfang Sept. tgl. 9.30–19.30 Uhr.
Angeln: Ab Dornumersiel werden Hochseeangelfahrten angeboten. Mit dem Fischkutter geht es auf Makrelen oder Dorsch. Geruhsam angeln lässt sich am Mahlbusen, einem kleinen, hinter dem Siel gelegenen Speichersee in Dornumersiel, mit einem Rundwanderweg und auch Tretbootverleih.
Reiten: Unterricht und Unterstellmöglichkeiten: Reiterhof ›Süderhuus‹, Hagermarsch-Junkersrott, Tel. 049 38/289; Reiterhof Gründeich: Tel. 049 71/44 98. Pony-Reiten in Dornumersiel neben dem Meerwasser-Freibad Doroness.

Spaziergang mit Hund am Meer

Urlaub am Meer ist für Hunde nicht immer das, was man sich erträumt. Am Badestrand sind sie ebensowenig erwünscht wie auf dem Campingplatz. Ein Herz für Hunde zeigt die Gemeinde Dornum. In Dornumersiel ist ein 10 km langer Hunde-Wanderrundweg eingerichtet worden. Er führt am Wasser und am Deich entlang.

Einkaufen
Köstliches vom Bauernhof, frische Eier von freilaufenden Hühnern, Gemüse, Wurst, Kartoffeln: Hof Ricklefs, Störtebekerstr. 46, Neßmergrode, Tel. 780; Verbeck, Dornumergrode, Tel. 10 40. Spezialitäten vom Salzwiesenkalb: Adrianenhof, Neßmergroder Weg 20, Neßmergrode, Tel. 22 58.

Feste & Unterhaltung
Kutterkorso der Fischer: in Dornumersiel im Aug.
Münkeboe: Handwerkermarkt im Aug. An jedem 1. Sa im Monat alte Handwerker bei der Arbeit, (Dörpmuseum mit Mühle von 1835).
Reethaus am Meer: Hafenstr. 3, Dornumersiel, Tel. 911 10, in der Saison tgl. 10–18 Uhr. Information, Leseraum und Bücherei, Bastelraum, Kaminzimmer.

Dornumersiel / Dornum

Ruhe in Neßmersiel

Es fehlt der obligatorische Campingplatz am Strand: in Neßmersiel ist es ruhiger als in den anderen Fährorten. Zwar geht hier die Fähre nach Baltrum ab, doch tideabhängig und daher nicht sehr oft. Ein Restaurant, ein Imbiss, viel grünes Vorland – vielleicht ist hier Ostfriesland noch so, wie es in den Anfangszeiten des Fremdenverkehrs überall war.

Geführte Rundgänge: Auf den Spuren von Häuptlingen und Piraten, in Dornum, April–Aug., Termine im Veranstaltungskalender.

Kinder

›**Strandoase**‹: in Neßmersiel, Störtebekerstr. 18, in der Saison tgl. 10–18 Uhr.
In der überdachten Erlebnislandschaft können die Kleinen auch an Regentagen toben und spielen. Mit 2500 m² Sandstrand.
In Dornumersiel in der Spielscheune im Reethaus am Meer. Am Haus befindet sich auch eine Knickerbahn (Knicker = Murmeln), Knicker erhält man kostenlos vor Ort, gegenüber eine Skaterbahn.

 Tourismus GmbH Gemeinde Dornum: Hafenstr. 3, im Reethaus am Meer, 26553 Dornumersiel, Tel. 049 33/911 10, Fax 049 3391 11 15, www.dornumersiel.de, www.nessmersiel.de, www.dornum.de.
Das **Infomagazin ›Blinkfuer‹** erscheint dreimal im Jahr, erhältlich u.a. im Reethaus am Meer.

 Buchenhof: Accumer Riege 68, Westeraccum, Tel. 049 33/22 20.
Bauernhof mit Gästehaus für 4 Pers. im Park mit altem Baumbestand (53 €). Ferienwohnung für 2 Pers. im Hofgebäude (30 €).

Der Sielhof: Dornumersiel. 1990 eingerichtete Anlage mit Ferienwohnungen für 2–6 Pers., 32–61 €, teilw. Balkon zum Siel. Im Erdgeschoss Friseur und Café, 10 Minuten zum Strand. Info Kur und Reisen, Up Boehrs 5, Tel. 26 62, Fax 26 63, www.kuren-und-reisen.

Wilhelminenhof: Dornumersiel, Tel. 049 33/1654, Fax 049 33/84 72, Büro: 049 33/91 44 99, Fax 049 33/ 91 44 90, www.nordseezauber.de, www.wilhelminenhof.de.
Ferien auf dem Bauernhof mit vielen Tieren: Hunde, Katzen, Kühe, Kaninchen und Pferde. Doppelhaus mit Ferienwohnungen für 4–5 Pers. (59 bzw. 64 €), am alten Deich in Dornumersiel. Zum Mahlbusen spaziert man eine Min., zum Badestrand 500 m. Zum Hof gehört eine Reitanlage mit Reithalle und Springplatz, Unterricht.

Nordsee-Caravan-Camping: Am Strand, Dornumersiel, Info Tourismus GmbH, Tel. 91 11 20, April–Sept. Familienfreundlicher Platz am Meer, in unmittelbarer Nähe das Kinderspielhaus und ein beheiztes Meerwasserfreibad.

... in Dornumersiel

Alte Schmiede: Cassen-Eilts-Padd 2, Tel. 049 33/1744, 11.30–14, 17.30–21.30 Uhr, ab 11 €.
Gourmetküche mit regionalen Zutaten. Empfehlenswert: Schafskäse in allen Variationen.

Fisch Rinjes: unten am Wasser zwischen Hafen und Jachthafen. Exzellente Fischfeinkost; Fischbrötchen,

Dornumersiel / Dornum

Fisch, Imbisskarte ab 5 €. Schlichte Einrichtung, aber zivile Preise, hier kommen auch Einheimische hin.

... in Neßmersiel
Hotel Fährhaus: Dorfstr. 42, Am alten Sieltor, Tel. 303, www.faehrhaus-nessmersiel.de, Gerichte 10,50–21 €.
Köstliche Fischgerichte, ausgezeichnetes Salzwiesenkalb und leckere hausgemachte Kuchen im hochgepriesenen Restaurant-Café.

 Bahn & Bus: Nächster Bahnhof in Norden (s. S. 80ff.), von dort verkehrt der Bäderbus nach Dornum-Dornumersiel und Neßmersiel.

Doroness-Express: Unterwegs im Land der Doroness, freie Fahrt mit Kurkarte oder Strandkarte der Tourismus GmbH Gemeinde Dornum.

Ziele in der Umgebung

Nesse (B 3): Sehr hübsches kleines, ein paar Kilometer landeinwärts gelegenes Dorf. Der im 8./9. Jh. auf einer Langwarf angesiedelte Ort überrascht mit einem Ensemble historischer Bauwerke: der um 1200 aus Tuffstein erbauten einschiffigen Saalkirche, dem ehemaligen Pfarrhaus aus der ersten Hälfte des 16. Jh. sowie mehreren stattlichen Gulfhöfen.

Museumseisenbahn: In den Sommermonaten zuckelt die Museumseisenbahn – die Dampflok stammt von 1953 – sonntags von Dornum über Hage nach Norden und zurück. Fahrräder können mitgenommen werden. Fahrplan im Veranstaltungskalender, Infos: Tel. 049 34/14 40, 049 31/ 16 90 30 (ab 18 Uhr), www.mkoev.de.
Baltrum (B/C 3): s. S. 100.

Die Beningaburg in Dornum

Dorum

Dorum (H 3)

Das Warfendorf (3450 Ew.) ist der Hauptort des Wurster Landes, das für seine vielen Warfen (auch Wurten, daher der Name Wursten) und prächtigen Kirchen bekannt ist. Die St. Urbanus-Kirche wurde um 1200 erbaut und birgt einen Altar von 1670, der zu den größten und schönsten des Landes zählt. 6 km vom Ort entfernt liegt **Dorum-Neufeld** (H 3), das zugehörige Seebad mit Kutter- und Sportboothafen, Campingplatz und Nationalparkhaus (in der Saison tgl. 13–18 Uhr). Auf der Deichwurt am Dorumer Tief befindet sich der Gezeitenbrunnen, der das Zusammenspiel von Mond, Erde und Gezeiten zeigt.

Sehenswert

Niedersächsisches Deichmuseum: Poststr. 16, Dorum (an der Straße nach Wremen), Mai–Nov. tgl. 14–17 Uhr, Führungen nach Anmeldung Tel. 047 41/474 oder 10 20.
Beeindruckende Dokumentation der Geschichte des Deichbaus und der verheerenden Auswirkungen der großen Orkanfluten.

Sport & Strände

Gezeitenabhängiges Baden und Surfen am grünen Dorumer Strand.
Schwefelsole-Wellenfreibad: Dorum-Neufeld, Anfang Mai–Mitte Sept. tgl. 10–18 Uhr mit Grünstrand und Strandkörben am Dorumer Tief.

 Kurverwaltung Land Wursten: Am Kutterhafen 3, 27632 Dorum-Neufeld,
Tel. 047 41/96 00,
Fax 047 41/96 01 41,
Mo–Fr 10–16.30, Sa, So 10–14 Uhr, www.wursterland.de.

 Cuxland Ferienparks: Sieltrift 37, Dorum Neufeld, Tel. 047 41/390,
Fax 047 41/33 66,
www.cuxland-ferienparks.de,
Ferienwohnungen und -häuser,
ab 31 € pro Tag.
600 m vom Dorumer Kutterhafen entfernt. Am Eingang zum Ferienpark liegt das Kurmittelhaus. Außerdem verschiedene Restaurants, Lebensmittelladen, Kinderspielplätze, Kinderanimation.
Campingplatz Azur: am Kutterhafen, Tel./Fax 047 41/50 20, Mai–Aug.
Reizvolle Lage vor dem Deich mit Blick auf die Nordsee und den Schiffsverkehr zu den Überseehäfen in Bremerhaven.
Campingplatz Grube: Dorum-Neufeld, Tel. 047 41/31 31. 350 Stellplätze, April–Okt.

 Friesenhof Cornelius: Lührentrift 2, Dorumer-Neufeld, Tel. 047 41/36 10, Mi–Fr ab 17, Sa, So ab 12 Uhr,
7–27 € (Viergängemenü).
Schön und gemütlich sitzt man am flackernden Kamin in alten Eichenmöbeln im reetgedeckten Friesenhaus oder im verwunschenen Garten.
Strandhalle Dorumer Tief:
Tel. 047 41/12 27,
tgl. 10.30–22 Uhr,
Hauptgerichte 9–18 €.
Panoramablick auf den Kutterhafen – von dort werden auch die tgl. fangfrisch verarbeiteten Fische und Krabben angeliefert.

 Bahn: Bahnhof in Dorum. Zwischen Bremerhaven und Cuxhaven verkehrt fast stündlich der RegionalExpress, der auch Fahrräder mitnimmt.
Ein **Bus** zwischen Dorum und Dorum Neufeld fährt selten.

Ziele in der Umgebung

Nationalpark-Informationsschiff Krabbenkutter Nordstern: An der Hafenterrasse im Dorumer Kutterhafen liegt der umgebaute Granat-Kutter. Tgl. Informations- und Bildungsfahrten in den Nationalpark Niedersächsisches Wattenmeer, Dauer etwa 90 Min. Die aktuellen Fahrpläne hängen aus, Info und Reservierung beim Nationalparkhaus.

Cappel (H 3): In dem 6,5 km entfernten, hübschen Dorf findet man in der kleinen, mit einem Zwiebelturm versehenen Kirche eine aus dem Jahr 1679 stammende barocke Orgel des bedeutenden Orgelbauers Arp Schnitger (weitere Orgeln an der niedersächsischen Nordseeküste s. auch Tour 1, S. 108f.).

Highlight

Bad Bederkesa (J 4): 20 km südöstlich von Dorum liegt der mit dem Prädikat »Moorheilbad« ausgezeichnete Kurort am wunderschönen Bederkesaer See inmitten einer sanften Hügellandschaft.

Sehenswert ist die drei-flügelige Burg mit archäologisch-kulturgeschichtlichem Museum (Okt.–April Di–So 10–17, Mai–Sept. 10–18 Uhr). Dokumentiert sind hier auch die Forschungsergebnisse der Grabungen im Bereich der Siedlung Feddersen Wierde, die von 1955 bis 1963 in Misselwarden vorgenommen wurden. Die Wurtensiedlung wird auch das ›Troja des Nordens‹ genannt. Hier konnte nachgewiesen werden, dass die Siedlung auf Grund des steigenden Meeresspiegels bis zum 5. Jh. n. Chr. siebenmal erhöht wurde. Zum Schluss erreichte die Wurt eine Fläche von fast 4 ha und eine Höhe von 4 m.

Emden (A/B 5/6)

Ostfrieslands ›Tor zur Welt‹ liegt an der Mündung der Ems in den Dollart. Emden (51 000 Ew.) zählt zu den bedeutendsten Seehäfen Deutschlands und ist einer der größten Autoverladehäfen Europas. Im Zweiten Weltkrieg zu 80 % zerbombt, wurde die Stadt auf dem Grundriss des mittelalterlichen Stadtkerns um den Hafen wieder aufgebaut. Historisches mischt sich auf liebenswürdige Weise mit Modernem. Die zu Beginn des 17. Jh. aufgeworfene Wallanlage umgibt die Altstadt und bietet inmitten des städtischen Trubels eine Oase der Ruhe.

Die großen Betriebe der Autoproduktion und die Schiffswerften liegen im Süden bzw. Südwesten der Stadt am Hafen, der immer im Mittelpunkt der bewegten Geschichte stand.

Kunsthalle Emden

Für Kunstinteressierte: Die am Kanal gelegene, weit über die Landesgrenzen hinaus bekannte Kunstsammlung ist eine Stiftung Henri und Eske Nannens. Ausgestellt sind Werke des 20. Jh., u. a. von Feininger, Kirchner, Kokoschka, Marc, Modersohn-Becker und Nolde. Im gegenüberliegenden Restaurant Museumsstuben kann man im Sommer auf der Terrasse direkt am Wasser sitzen. Mitmachführungen, bei der interessierte Besucher selbst den Pinsel in die Hand nehmen können. Hinter dem Rahmen 13, Di 10–20, Mi–Fr 10–17, Sa, So und feiertags 11–17 Uhr, Mo geschl. www.kunsthalle-emden.de

Emden

Sehenswert

Ratsdelft mit Museumsschiffen: Das historische Hafenbecken markiert die Stelle, wo zur Geburtsstunde Emdens vor rund 1200 Jahren die Ems verlief. Die Museumsschiffe sind tgl. zu besichtigen: das Feuerschiff »Deutsche Bucht« (April–Okt. Mo–Fr 10.30–13, 14.30–17, Sa, So 11–13 Uhr), der Seenotrettungskreuzer ›Georg Breusing‹ (April–Okt. tgl. 10–13, 15–17 Uhr) und der ›Herings-Segellogger‹ mit einer Ausstellung über die große Zeit der Heringsfischerei (geöffnet wie Feuerschiff).

Rathaus am Ratsdelft: Neutorstraße (Museum bis Mitte 2005 wegen Renovierung geschlossen).
Das Wahrzeichen der Stadt, entstanden 1959–62, entwarf Bernhard Wessel, der die architektonische Gliederung des im Krieg zerstörten Renaissance-Vorgängerbaus berücksichtigte. Vom Turm bietet sich ein schöner Blick auf die Stadt. Im Rathaus ist das sehenswerte Ostfriesische Landesmuseum mit der berühmten Städtischen Rüstkammer untergebracht.

Dat Otto Huus: Große Str. 1, Mitte März–Dez. Mo–Fr 9.30–18, Sa 9.30–13 (am 1. Sa im Monat –14), April– Okt auch So 10–16 Uhr.
Ottifanten-Schnickschnack und ein ›museales Schmunzelkabinett‹, das die Karriere des berühmten Ostfriesen Otto Waalkes dokumentiert.

Hafentor, Ratsdelft: Am Westufer des Ratsdelft weist das 1635 im niederländischen Stil errichtete Tor auf die Einfahrt in den historischen Hafen hin.

Pelzerhaus: Pelzerstr. 12, Mo–Fr 10–13, 15–18 Uhr, So 11–13 Uhr.
Im 12.–16. Jh. war die Pelzerstraße Standort der Pelz- und Fellhandelshäuser. Das um 1585 erbaute Pelzerhaus ist das einzige im Bereich der Altstadt vom Bombenhagel verschonte Exemplar flämisch-niederländischer Architektur. Heute beherbergt es ein Kulturzentrum mit wechselnden Ausstellungen sowie ein Café.

Bunkermuseum: Holzsägerstr. 6, Mai–Okt. Di–Fr 10–13, 15–17, Sa, So 10–13 Uhr. Eindrucksvolle Darstellung der Zeit des Nationalsozialismus und der Folgen des Zweiten Weltkriegs.

Kesselschleuse: Die 1884 erbaute Anlage, die jährlich rund 4000 Schiffe passieren, ist Europas einzige in Betrieb befindliche Vierkammerschleuse. Sie verbindet vier Wasserwege mit unterschiedlich hohen Wasserständen: den Ems-Jade-Kanal, den Stadtgraben, das

Emden

Fehntjer Tief und den Falderndelft. Die Kesselschleuse wurde in den letzten Jahren modernisiert und arbeitet jetzt vollelektronisch.

Ökowerk Emden: Kaierweg 40a, Tel./Fax 049 21/95 40 23/25, www.oekowerk-emden.de, Mo–Do 7–15.45, Fr 7–12.30, Mai–Okt. auch So 15–17 Uhr. Regionales Umweltzentrum.

Geführte Touren: Stadtführungen ab Info-Pavillon am Stadtgarten April–Okt. Sa 11 Uhr.

Hafenrundfahrten: ab Delfttreppe, April–Okt, tgl. (bei genügend Teilnehmern) 11, 13, 14, 15, 16 Uhr.

Kanalrundfahrten: ab Delfttreppe, Entdecken Sie die schönen unbekannten Seiten Emdens von der Wasserseite aus, April–Okt., Abfahrten siehe Aushang am Delft, in der Hochsaison 11 Uhr (nur So) 14 und 16 Uhr. Weitere Informationen erhalten Sie am Info-Pavillon am Anleger.

Besichtigung des VW-Werks: Niedersachsenstr., Tel. 049 21/86 23 90, Führungen für Einzelpersonen Di, Do 13.30 Uhr, für Gruppen mit Voranmeldung Mo–Do 9.30 und 13.30 Uhr. Das Volkswagenwerk im Südwesten der Stadt ist mit über 10 000 Arbeitsplätzen größter Arbeitgeber der Region.

Emden

Highlight

Grachtenfahrten ab Anlegestelle Kunsthalle: Auf einer Bootsfahrt durch die vielen Wasserläufe – 150 km allein innerhalb Emdens – lernt man überraschend malerische Aspekte der industriell geprägten Stadt kennen. Das Boot schippert durch parkartige Gartenlandschaften, vorbei an schönen Emder Bürgerhäusern, fast alle mit eigenem Bootssteg, und zur Kesselschleuse (siehe oben), der einzigen Vier-Kammer-Schleuse Europas und sozusagen zentrale Kreuzung der Emder (und einiger ostfriesischer) Wasserstraßen. Info und Anmeldung bei der Tourist-Information, April–Okt., Mo–Fr 11 und 15 Uhr, Sa, So 12 und 15 Uhr.

Sport & Strände

Freibäder, Mitte Mai–Aug.: **Freibad Borssum,** Lindenweg,
Mo–Di 6–20, Mi 6–18,
Do, Fr 6–20, Sa, So 8–18 Uhr.
Van Ameren Bad, Freibad:
An der Kesselschleuse, Mo–Fr 6–20, Sa, So 8–19 Uhr.
Kanuverleih: bei Actic Fun Sports, Tel. 049 21/92 94 94 oder 0171/277 20 74; Tretboot- und Kanuverleih: Am Wasserturm, Tel. 049 23-12 02 oder 0170-442 23 10.

Einkaufen

Wochenmarkt: Neuer Markt,
Di, Fr, Sa 8–13 Uhr.
Bauernmarkt: im Stadtgarten,
Do ab 14.30 Uhr.

Ausgehen

Viele nette Kneipen liegen im Bereich Zwischen den Märkten und am Neuen Markt.
Sam´s: Neuer Markt 20. American Bar und Bistro. Hier wird stets Rockmusik gespielt.
Madison: Neuer Markt 20,
Do, Fr, Sa ab 22 Uhr Disco.
Diskothek ???: Neuer Markt, www.emden-drei-fragezeichen.de,
Do 22–2, Fr, Sa 23–5 Uhr.
Alle Arten Musik, für Leute ab 20.
Tanzcafé Mambo/Joy Disco:
Ubierstr. 2a, Do, Fr, Sa ab 22 Uhr.
Eine der größten Diskotheken Norddeutschlands. Für jeden ist was dabei.

Feste & Unterhaltung

Emder Matjestage: im Juni, www.matjestage.de. Mit Traditionsschiff-Treffen.
Delfttest: im Juli, www.emden-touristik.de/Delfttest. In der Innenstadt und am Ratsdelft.
Schwimmender Weihnachtsmarkt: Ende November bis 23.12: im Ratsdelft. Adventszeit im maritimen Rahmen.
Kinos: Apollo, Zwischen beiden Bleichen 2, Tel. 049 21/226 68, Cinestar am Wasserturm, Tel. 049 21/58 95 89.

PLZ: 26721–26725, s. jeweilige Einrichtung.
Tourist-Information Emden:
Info-Pavillon am Stadtgarten,

Filmfestival und Bluesfestival

Im April findet das Internationale FilmFest Emden Aurich Norderney statt, ein filmkultureller Genuss von höchster Güte (www.filmfest-emden.de).
Im November empfängt Emden Bluesgrößen aus aller Welt zum Internationalen Emder Nordsee Bluesfestival in mehr als 15 Kneipen und Schiffen in der Innenstadt.

Emden

26703 Emden, Tel. 049 21/974 00,
Fax 049 21/974 09,
www.emden-touristik.de,
Mai–Sept. Mo–Fr 9–18, Sa 10–13,
So 11–13 Uhr,
Okt.–April Mo–Fr 9–13, 15–17.30,
Sa 10–13 Uhr.
Außerhalb der Öffnungszeiten informiert ein Informationsterminal über freie Quartiere und Veranstaltungen.

 Jugendherberge an der Kesselschleuse:
An der Kesselschleuse 5,
Tel. 049 21/237 97.
Kein sehr komfortables Haus mit 85 Betten, aber direkt am Kanal gelegen – ideal zum Kanufahren.
Alt Emder Bürgerhaus: Friedrich-Ebert-Str. 33, 26725 Emden,
Tel. 049 21/97 61 00,
Fax 049 21/97 61 29, www.alt-emder-buergerhaus-emden.de.
Schöne Zimmer in einem familiär geführten, renovierten Jugendstilhaus am Stadtwall, pro Person 34–59 €. Im Restaurant gibt es ostfriesische Spezialitäten – große Matjesplatte 14.80 €, Störtebekerplatte 16.80 €.
Heerens Hotel: Friedrich-Ebert-Str. 67, 26725 Emden,
Tel. 049 21/237 40, 230 36,
Fax 049 21/231 58,
www.nordkurs.de/heerenshotel,
pro Person 35–82 €.
Luxuriöses Hotel mit viel Flair am grünen Stadtwall. Die Lage ist ruhig, die Küche vorzüglich, Hauptgerichte ab 12 €.
Wohnboot Falderndelft:
Info Tel. 049 21-99 31 12,
klausconen@hotmail.com,
60 € für zwei, 70 € für vier Pers.
Hausboot für zwei oder vier Personen am Ems-Jade-Kanal in Emden-Wolthusen; zwei Einzelkojen im Steuerhaus, eine Doppelkoje im Wohnbereich. Bad, Küche, Strom, Gas und Wasser an Bord.
Urlaub auf einem Binnenschiff:
A. Krause, Tel. 049 21/95 46 33,
meister@holzbootsbau.de,
52 € für zwei Pers.
2 Kojen, Dusche/WC, Kombüse mit Gasherd und Kühlschrank, großer Salon, Strom, Gas und Wasser an Bord.
Wohnmobile: Parkplatz vor der Nordseehalle, Parkplatz Ostmole und beim Anleger Knock der AG Ems und auf den Campingplätzen sowie Wohnmobilstellplätze ›Am Eisenbahndock‹ mit einer Ver- und Entsorgungsstation.
Campingplatz Knock:
Am Mahlbusen, 26723 Emden,
Tel. 049 27/567, Fax 049 27/13 79.
Schön gelegen im Erholungsgebiet Knock zwischen Nordsee und Emsmündung, Bademöglichkeit (tideunabhängiger Binnensee).

 Es gibt überraschend viele Straßencafés und Kneipen sowie Restaurants mit internationaler Küche. Mit den ersten Sonnenstrahlen im Frühjahr kommt Boulevardstimmung in den Fußgängerzonen zwischen dem Ratsdelft und den Märkten auf. Vorzügliche Restaurants in **Heerens Hotel** und im **Alt Emder Bürgerhaus** (s. oben).
Strandlust: An der Seebrücke-Knock,
Tel. 049 27/18 78 30, Di–Sa 12–21.30,
So 10–21.30 Uhr.
Viel Fisch und gute Aussicht, 10–20 €.

Bahn: Emden ist InterRegio-Station: Direktverbindung mit vielen Großstädten, auch verschiedene IC-Verbindungen.
Bus: Regelmäßige Verbindung nach Greetsiel, Norden und Aurich.

Ziele in der Umgebung
Borkum (A1): s. S. 100f.

Esens / Bensersiel (C/D 3)

Sturmflutsicher thront das gediegene, hübsche Landstädtchen Esens (6600 Ew.) auf einer von Marsch umgebenen Geestinsel. Sein Zentrum bildet der mittelalterliche Siedlungskern mit schönen Giebelhäusern, gepflasterten Gassen und einem baumbestandenen Kirchplatz. Im 13. Jh. lag Esens noch direkt an der Nordsee, wegen zunehmender Verlandung musste schließlich 4 km weiter nördlich ein neuer Hafen gebaut werden: daraus entwickelte sich das familienfreundliche Nordseeheilbad Bensersiel. Es ist seit 1859 auch Fährhafen für die Insel Langeoog.

Sehenswert

St. Magnus-Kirche: Kirchplatz, Esens, März–Okt. Di–Fr 10–11.30, 14.30–16 Uhr.
Bemerkenswert ist der Sandsteinsarkophag des 1473 gestorbenen Ritters Sibet Attena. Das separat zugängliche Turmmuseum dokumentiert die Kirchengeschichte (April–Sept. So 11–12, Di und Do 15–17 Uhr und nach Vereinbarung).
Holarium: Kirchplatz, Esens, März–Okt. tgl. 10–13, 14–18 Uhr. Nicht nur Kinder sind fasziniert von der Magie dreidimensionaler Bilder, die mit Laserlicht hergestellt werden.
Bernstein-Huus: Herdestr. 14, Esens, März–Okt. Mo–Fr 9–13, 15–18, in der Hauptsaison Mo–Fr 9.30–18, Sa 10–12.30 Uhr. Kleines Museum, das die Entstehungsgeschichte, Vorkommen und Abbaumethoden des Bernsteins informiert, Verkauf von edlem Schmuck.
Peldemühle »Leben am Meer« – eine Mühle voller Geschichte(n): Bensersieler Str. 1, Esens, Mitte März–Okt. Di–So 10–12, 14–17 Uhr. In dem Galerieholländer von 1850 wird die Siedlungsgeschichte des Harlingerlandes anschaulich und kindgerecht dargestellt.
August-Gottschalk-Haus: Burgstr. 8, Esens, April–Okt. Di, Do, So 15–18 Uhr. In dem 1899 errichteten ehemaligen jüdischen Gemeindehaus ist eine Ausstellung über die Geschichte der ostfriesischen Juden zu sehen. Besonders sehenswert: die Mikwe, das rituelle Tauchbad, das bei Sanierungsarbeiten unter dem Fußboden wieder entdeckt wurde.
Stadtführungen durch Esens in der Saison Mo Vormittag und Do Nachmittag, Info Tel. 049 71/91 50. Mo geht's auch ins Holarium (Führungspreis exkl. Eintritt), Do verbunden mit einer Führung durch die St. Magnus-Kirche. Erläutert wird dann auch der Ahnensaal im Rathaus, Markt 2; Treffpunkt und Info: Kurverwaltung (s. u.).
Naturkundehaus: Seestr., Bensersiel, Di, Mi, Fr 10–12, 15–17 Uhr. Sorgfältig präparierte Tiere, Seewasseraquarien, ausgezeichnete Veranstaltungen.

Kinderparadies Bensersiel

Bensersiel ist klasse für Kinder. Am Bensersieler Strand liegen das Kinderspielhaus Kunterbunt und das Kletterschiff Hoppetosse (März–Okt. tgl. 10–18 Uhr). Gleich nebenan das Freischwimmbad und ein Sport-Themen-Park mit Trampolin und Skaterareal sowie ein Zirkuszelt für viele Veranstaltungen und Kinderanimation. Im Strandportal gibt's Strand unter Dach, das Taka-Tuka-Land ist Treffpunkt für kleine Piraten bei schlechtem Wetter.

Esens / Bensersiel

Urlaub auch für Eltern: Kindespielhäuser gibt es an der ganzen Küste

Sport & Strände
Sandstrand westlich des Hafens.
Strandportal: Informations-, Veranstaltungs- und Kommunikationszentrum mit Strandlandschaft unter Dach. Eingang zum Schwimmbad und Strand.
Nordseetherme Sonneninsel: Schulstr. 4, Mo, Di, Fr 10–22, Mi 10–21, Do 11–21, Sa, So 10–20 Uhr. Badeparadies mit Seeräuberinsel, Spieldeck ›Luftikus‹, Solarium, röm. Dampfbädern, Dschungelgrotte, umfangreichen Wellnessprogramm.
Drachenwiese: am Strengeweg zwischen Bensersiel und Dornumersiel.

Einkaufen
Wochenmarkt: Kirchplatz Esens, in der Saison Mi und Sa vormittags; Bensersiel, Do vormittags.

Feste & Unterhaltung
Schützenfest: 5 Tage Volksfest, Juli.
Kino: Centralkino, Westerstr., Tel. 049 71/36 40 oder 21 58.
.... in Bensersiel: Meerwasser-Wellenfreibad: Am Strand, Tel. 049 71/91 71 41, Mai–Sept. tgl. 10–19 Uhr.

Kurverwaltung: Kirchplatz, 26427 Esens-Bensersiel, Tel. 049 71/91 50, Fax 049 71/49 88, www.bensersiel.de, Mo–Fr 9–13, 14–17, Sa 10–12 Uhr.
Touristeninformation Bensersiel: im Strandportal, Tel. 049 71/91 71 11, von den Oster- bis zu den Herbstferien Öffnungszeiten wie Kurverwaltung Esens, zusätzlich So 10–12 Uhr.

Jugendherberge: Grashauser Flage 2 (an der Bensersieler Straße), Esens, Tel. 049 71/3717. 4 km vom Strand entferntes Haus mit 144 Betten.
Wieting's Hotel: Am Markt 7, Esens, Tel. 049 71/45 68, Fax 049 71/41 51, www.Hotel-Esens.de, pro Person 31–47 €. Zentraler kann man nicht wohnen; mit exklusivem Restaurant und rustikaler Kneipe.
Heerens Hotel: Am Hafen 6, Bensersiel, Tel. 049 71/22 13, Fax 049 71/56 94, 30 €. Familiär geführtes, einfaches Hotel in bester Lage mit Restaurant und Café.

Esens / Bensersiel

Hörn van Diek: Lammertshörn 1, Bensersiel, Tel. 049 71/24 29, Fax 049 71/35 04, www.hoern.van.diek.de. Appartements und Suiten mit Terrasse oder Balkon, 39–44 €.
Mit Schwimmbad, Sauna, Dampfbad, Fitnessraum und Solarium, Gehentfernung zur Nordseetherme.
Campingplatz Bensersiel: Am Strand, Tel. 049 71/91 71 21 (Ostern–15. Sept.), Tel. 049 71/91 50 (übrige Zeit), Fax 049 71/49 88. Stellplätze vor dem Deich – halb auf Sand, halb auf Gras, zentrale Lage neben dem Meerwasser-Wellenfreibad in Hafennähe.

 Ratsgaststätte: Am Markt 1, Esens, Tel. 049 71/32 27, tgl. ab 11.30 Uhr, ab 8 €.
Fischspezialitäten und ein umfangreiches Angebot an Fleischgerichten im alten Stadthaus. Darüber hinaus auch Vegetarisches und eine gute Auswahl an Kindergerichten.
Fährhaus: Hafen Ost (am Fähranleger), Bensersiel, Tel. 049 71/36 47, tgl. 8.30–21.30 Uhr, Gerichte 9–17 €.
Die Küche ist gutbürgerlich, die Preise vor allem für die Tagesgerichte sind bodenständig, die Portionen groß genug zum Sattwerden,
Zum Bären: Am Strand 3, oben, Tel. 049 71/24 90, ab 12 €.
Delikate Speisen plus wunderbarem Meeresblick – was will man mehr.

 Bahn: Von Esens über Wittmund und Jever nach Sande und Wilhelmshaven.
Bus: Regelmäßige Verbindung von Esens nach Bensersiel, nach Neuharlingersiel, Wittmund, Jever und Aurich.

Ziele in der Umgebung
Langeoog (C/D 3): s. S. 103.

Highlight
Greetsiel (A 4)

Der Fischer- und Künstlerort (1700 Ew.) war von 1464–1744 Stammsitz der Häuptlingsfamilie Cirksena. Mit seinen restaurierten Giebelhäusern aus dem 17. und 18. Jh., einer mittelalterlichen Kirche, den baumbestandenen, verwinkelten Klinkerstraßen und dem verträumten Hafen erinnert Greetsiel an ein Freilichtmuseum – eine Bilderbuchschönheit. (Der Ortskern Greetsiels ist für Autos gesperrt, Parkplätze sind ausgeschildert).
Im Greetsieler Hafen, der seit 1991 durch den Bau der Leyhörn-Schleuse (s. S. 78) vor Greetsiel tideunabhängig ist, liegt die mit zur Zeit 27 Schiffen größte Krabbenkutterflotte zwischen Weser und Ems. Das alte Siel, das das innere Sieltief vom Hafen trennt, entstand ge-gen Ende des 18. Jh., als die Preußen (seit 1744 Herrscher über Ostfriesland) den Hafen ausbauten.

Sehenswert
Buddelschiffmuseum: Mühlenstr. 23, April–Okt. tgl. 11–18 Uhr, Nov.–März eingeschränkte Öffnungszeiten. Über 500 Buddelschiffe aus aller Welt.
Nationalpark-Haus Greetsiel: Schatthauser Weg 6, www.nationalparkhaus-greetsiel.info, April–Okt. Di–Fr 10–13, 14–18, Sa, So 14–18 Uhr. In dem restaurierten Gulfhof findet man vielfältige Informationen über den Lebensraum Wattenmeer; Führungen speziell für Kinder.
Zwillingsmühlen: Wahrzeichen Greetsiels sind die beiden Mühlen am südlichen Ortsausgang. In der westlichen, vom Ort aus gesehen ersten Mühle ist eine Teestube mit Galerie untergebracht. Die zweite Mühle (frü-

Greetsiel

hes 18. Jh.) ist noch in Betrieb und kann besichtigt werden. Nebenan in Schoof's Mühlencafé wird der Kuchen im Sommer auf lauschiger Terrasse direkt am Wasser serviert. Im Mühlenladen gibt es frischgemahlenes Mehl, Vollkornprodukte, Teegeschirr, Souvenirs, Bücher…www.muehle-schoof.de.

Sport & Strände
Bademöglichkeit in der Nordsee bei Upleward: Kiosk, Sanitäreinrichtungen, ›Trockenstrand‹, Strandlandschaft hinter dem Deich, mit Beachvolleyballfeldern, Abenteuerspielplatz.
Erlebnisbad/Gesundheits-Oase: Zur Hauener Hooge, Mo, Di, Do, Fr 15–21.30, Mi 10–20, Sa 14–19, So 10–18 Uhr, in den Ferien erweiterte Öffnungszeiten. Schwimmbad (30 °C), Dampfbad, Saunen, Wellnessbereich.

Es gibt 2 Servicestellen: **Tourist-Information:** Zur Hauener Hooge 15, 26736 Greetsiel, Tel. 049 26/918 80, Fax 049 26/20 29, www.greetsiel.de, www.krummhoern-greetsiel.de, sowie schräg gegenüber in der **Gesundheitsoase:** (Schwimmbad), Tel. 049 26/99 00 66, Mo–Fr 9–12.30, 14.30–17 (Tourist-Info), 18–20 (Gesundheitsoase), Sa 14–17 und So 10–17 Uhr (Gesundheitsoase).

Hotel Hohes Haus:
Hohe Str. 1, Tel. 049 26/1810, Fax 049 26/181 99, info@hoheshaus.de, pro Person 49–54 €.
Liebevoll restauriertes historisches Gebäude am Siel. Auch ein Tipp zum Essen: Kaminrestaurant ›Upkammer‹, Hausmannskost; Labskaus nach eigenem Hausrezept 9,50 €, für abends: Kneipe ›Unterhaus‹.
Hotel und Restaurant Witthus: Im Kattrepel 5–9, Tel. 920 00,

Wohnen im Denkmal

Alte Fischerkaten, wunderschöne Bauernhäuser, kleine Landarbeiterhäuser – liebevoll restauriert und zum Teil erstaunlich preisgünstig, Wohneinheiten für 4 Pers. um 50 € sind keine Seltenheit. Eine Doppelseite ist denkmalgeschützten Häusern im Gastgeberverzeichnis der Region Krummhörn-Greetsiel gewidmet, erhältlich über die Touristik-GmbH Krummhörn-Greetsiel.

Fax 92 00 92, www.witthus.de, pro Person 45–69 €.
Stilvolles, schönes Haus in ruhiger, zentraler Lage mit 17 behaglichen Doppelzimmern und zwei Suiten; hochgerühmtes Restaurant mit Teestube und Kunstgalerie.
Übernachten in denkmalgeschützten Häusern: s. Tipp.
Camping am Deich/Krummhörn: 26736 Krummhörn-Upleward, Tel. 049 23/525, Fax 049 23/802 77, www.camping-am-deich.de.
Ruhiger Platz hinterm Deich. Krabbelhaus für die Kleinsten. Gleich nebenan: Trockenstrand mit Spielplatz, Liegedünen.

Greetsieler Börse: Mühlenstr. 29, Tel. 049 26/918 50, www.hotel-greetsiel.de, Hauptgerichte 10–18 €.
Im Stil der Wende vom 19. zum 20. Jh. eingerichtetes Bistro-Kneipen-Restaurant mit internationaler Küche, beliebt ist der Seemannsteller (Bismark- und Brathering, Makrele, Matjes, Krabbe).
Is Teetied: Hohe Str., Tel. 049 26/1732, tgl. 12–21 Uhr, 8–20 €.

Greetsiel

Poppingas Alte Bäckerei

Urgemütliche Teestube, in der alte Wohn- und Gewerbekultur gelebt wird. Der Kuchen ist selbst gebacken, Tee wird in ›Ostfriesischer Rose‹ auf dem Stövchen serviert, Sielstr. 21, Tel. 1393, tgl. 11–19 Uhr.

Restaurant und Teestube gegenüber der Greetsieler Kirche, wie aus Großmutters Zeit. Altostfriesische und internationale Küche.
Alte Brauerei: Pilsum, Tel. 049 26/ 91 29 15, Gerichte ab 9.50 €. Liebevoll renoviertes Haus von 1673. Vorzügliche regionale Küche.

Einkaufen

Käsehof Berkhout: Rozenburg, 4 km südlich von Pilsum, www.kaesehof-rozenburg.de, April–Okt. Mo–Fr 10–12, 14.30–18, Sa 9–12, 14.30–17, So 15–17 Uhr, im Winter nur Mo, Do, Fr, Sa. Im Käseladen gibt es Rohmilchkäse, Butter, Milch und Quark, Honig.

Feste & Unterhaltung

Im Rahmen der **Greetsieler Woche** (Juli/Aug.) stellen ostfriesische Künstler und Kunsthandwerker ihre Werke aus. Alljährlich im Sommer **Kutter-Korso-Fahrt** mit über 20 Kuttern, viele nehmen Gäste mit an Bord. Großes Rahmenprogramm u.a. Krabbenpulwettbewerb. Schlickschlittenrennen in Pilsum (Juli/Aug., s. S. 19).
Drachenfest: Anfang Sept.

Kinder

Kinderhaus Wattwurm: Mit großem Abenteuerspielplatz beim Haus der Begegnung neben der Touristen-Information. Kindertheater, Basteln, Malen...
Kinder-Ponyreiten: Reiten auf Wesh-A-Ponys auf dem Bauernhof Siemers in Leybuchtpolder, Tel. 049 26/556; Osterferien, Mitte Juli–Anf. Sept. 10–17 Uhr. Auf dem Hof gibt es noch viele andere Tiere: Schafe, Ziegen, Hühner, Tauben, Pfauen, Perlhühner....

 Bus: Verbindungen nach Emden und Norden, dort hat man jeweils Bahnanschluss.

Fischkutter im Hafen von Greetsiel

Greetsiel

Ziele in der Umgebung

Bootsausflüge: In der Saison werden tgl. eineinhalbstündige Touren zur Seeschleuse Leysiel (inkl. Schleusung) angeboten. An den Mühlen legt das Greetsieler »Laugskip« zu historischen Kanalfahrten u. a. nach Pilsum und Visquard ab. Schiffsfahrten zu den ostfriesischen Inseln, z.T. per Bus zu den entsprechenden Häfen.

Pilsum (A 5; 3,5 km südwestlich von Greetsiel): In der Mitte des beschaulichen Warfendorfes mit seinen roten Backsteinhäusern und hübschen Gärten erhebt sich eines der schönsten Gotteshäuser des Landes: die St. Stephanus-Kirche, eine im 13. Jh. erbaute Kreuzkirche. Ein Farbtupfer auf dem grünen Deich ist der rot-gelb-gestreifte Leuchtturm von Pilsum. Berühmt wurde er durch den Spielfilm des Komikers Otto Waalkes ›Otto der Außerfriesische‹. Geöffnet im Rahmen von Führungen, Termine im Veranstaltungskalender oder im Internet www.greetsiel.de. Kinder: ›Ottos Turm‹ ist vielen Kindern durch drei Bücher von Bernd Fleßner und Peter Pabst unter dem Titel: ›Lükko Leuchtturm‹ bekannt, erhältlich u.a. in der Tourist-Information. Leuchtturmeroberung für Kinder, Termine im Veranstaltungskalender.

Neuharlingersiel

Naturschutzgebiet Leyhörn

Die durch verheerende Sturmfluten im Mittelalter entstandene Leybucht (A 4) ist neben dem Dollart und dem Jadebusen eine der drei noch offenen Buchten an der deutschen Nordseeküste. Ihre Geschichte ist geprägt vom Kampf des Menschen mit den Naturgewalten. Nach der Dionysiusflut im Jahre 1373 erreichte die Leybucht mit etwa 13 000 ha ihre größte Ausdehnung. Seither wurde viel Land dem Meer wieder abgetrotzt. 1947–50 wurde der Störtebekerdeich fertiggestellt, der Leybuchtpolder gewonnen und besiedelt. Der Plan, die Bucht vollständig einzudeichen, stieß auf den zähen Widerstand der Naturschützer, die um den Erhalt eines der größten Salzwiesenbiotope Europas kämpften. Schließlich baute man nur eine eingedeichte ›Nase‹, an deren Ende ein Sperrwerk mit Entwässerungssiel und Schleuse liegt. Binnendeichs erstreckt sich nun ein tideunabhängiges Fahrwasser zum Greetsieler Hafen sowie ein 200 ha großer Speichersee. Die Feuchtwiesen im südlichen Bereich des Leyhörn bieten Bodenbrütern wie Uferschnepfen, Rotschenkeln und Kiebitzen geeignete Brutplätze, in den Schilfzonen am Rand des Speicherbeckens sind Entenvögel, Rohrsänger und andere Wasservögel zu finden. Ausgangspunkt für eine schöne Rad-Wanderung ist Greetsiel bzw. der Parkplatz im Südwesten des Naturschutzgebiets.

Highlight

Neuharlingersiel (D 3)

Spiekeroogs Festlandhafen ist ein malerischer Fischerort – sehr beliebt und immer gut besucht (Ew. 1050). Man lebt hier vom Fischfang und vom Fremdenverkehr. Der geschützte Binnenhafen zählt zu den schönsten an der Nordseeküste. Das Hafenbecken, in dem die Fischkutter vor Anker liegen, ist gesäumt von Giebelhäusern, in denen gemütliche Café-Restaurants untergebracht sind. Auf einer der zahlreichen Bänke entlang der Hafenmauer lässt sich die Idylle – versorgt mit einer Tüte frischer Krabben oder einem Eis – ausgezeichnet genießen.

Sehenswert
Buddelschiff-Museum: Am Hafen West 7, April–Okt. Mi–Mo 10–13, 13.30–17 Uhr. Die feingearbeiteten Schiffe in den Flaschen dokumentieren die Entwicklungsgeschichte der Seefahrt.

Sport & Strände
Westlich des Hafens erstreckt sich der sandige Badestrand.
Meerwasser-Hallenbad: Hafenzufahrt West, tgl. Mo–Sa 10–21, So 10–18 Uhr.

Kurverwaltung Neuharlingersiel: Edo-Edzards-Str. 1, 26427 Neuharlingersiel, Zimmernachweis: Tel. 049 74/18 80, Fax 049 74/788, www.neuharlingersiel.de, Mitte März–Okt. Mo–Fr 8–18, Sa 10–15, So 10–13 Uhr.

 Jannssen's Hotel: Am Hafen 7, Tel. 049 74/224, 919 50, Fax

Neuharlingersiel

049 74/702, www.Hotel-Janssen.de, pro Person 36–66 €.
24 Doppelzimmer, einige mit direktem Hafenblick. Im Restaurant – das Teezimmer ist mit alten Delfter Kacheln geschmückt – kommt tgl. frischer Seefisch auf den Tisch.
Poggenstool: Addenhausen 1, Tel. 049 74/919 10, Fax 049 74/91 91 20, www.poggenstool.com,
pro Person 42–62 €.
Liebevoll geführtes Hotel-Restaurant mit vier gepflegten, komfortablen Doppelzimmern und einem Einzelzimmer. Viel Lob erntet die gute, frische Küche.
Hafen-Studios: Am Hafen Ost, Info Tel. 049 74/888 oder Tel. 023 30/723 54, Fax 741 71. Ferienappartements für 2 Pers. in exklusiver Lage, 35, 55, 65 €.
Campingplatz Neuharlingersiel: Tel. 049 74/712, Fax 049 74/495. Ganzjährig geöffneter Familien-Campingplatz hinter dem Deich.

 s. auch Hotels
Café Störmhus: Am Hafen, Tel. 049 74/707, 225, www.rodenbaeck.de.
Wenn das Wetter mal nicht so gut ist, sitzt es sich wunderbar in der oberen Etage des auf der Deichkrone gelegenen Cafés mit Blick auf Wattenmeer und Hafen. Vermietet werden auch 18 Appartements für 2 bzw. 5 Pers.
Teestube am Seedeich:
Deichringstr. 27, Tel. 049 74/785, www.teestube-am-seedeich.de,
Di–So 11–21 Uhr, Gerichte, 7–15 €, kleine Dreigängemenüs für 8 €.
Das Restaurant liegt gleich hinterm Deich und ist immer gut besucht – am Nachmittag lockt ostfriesisches Teegebäck köstlichen Fischspezialitäten.
Sielhof: Am Kurpark, Tel. 049 74/605, Di–Sa 11–21, So 11–19 Uhr, Gerichte 8–20 €.

Im 19. Jh. wurde der in einem hübschen Park gelegene Sielhof zum Herrensitz ausgebaut. Und heute speist man hier stilvoll, vor allem Fisch. Die Gaststuben sind in zartem Taubenblau gehalten, mit schöner Deckenmalerei, Kamin und verglastem Wintergarten.

Einkaufen
Wochenmarkt am Westanleger, April–Okt. Fr 8–13 Uhr.
Frische Krabben: Nicht überall entlang der Nordseeküste ist es noch erlaubt, Krabben frisch vom Kutter zu verkaufen. Ein bisschen schade ist das schon, frische Krabben gibt es aber trotzdem: in den Läden der Fischereigenossenschaft. In Neuharlingersiel liegt er an der Hauptstraße, wo es zur Fähre abgeht.

Feste & Unterhaltung
Ein Höhepunkt in jedem Jahr im Hochsommer ist die **Regatta der Krabbenkutter.**
Kino: in der Saison zweimal pro Woche im Kursaal.

Kinder
Volles Programm für Kinder im Haus des Gastes, es wird gebastelt, getanzt, vorgelesen, es ist Piratentag, Zaubertag, Sandmännchentag, Huhuuu-Gespenstertag: der Teddy-Club ist für die bis 3-jährigen, der Leuchttürmchen-Club für die 3–9-jährigen, der Kiddy-Club für die 10–13-jährigen, der Jugend-Club für die älteren. Am Strand gibt's die Funny-Beach-Anlage.

 Bus: 5 x tgl. pendelt der Bäderbus wochentags zwischen Norden (dort Bahnanschluss) und Carolinensiel; im Sommer mit Radanhänger. Nach Esens (ebenfalls Bahnanschluss) geht es bis zu 15 x tgl.

Neuharlingersiel

Vergnügliche Regentage

Es gibt Tage, an denen es einfach von morgens bis abends regnet und die Stimmung in den Keller sackt. Etwas unternehmen, raus aus der Ferienwohnung, aber wohin im Regen? Der Wellenpark in Norddeich bietet mit dem Erlebnisbad ›Ocean-Wave‹, der Seehundaufzuchtstation, dem Kinderspielhaus, einer Minigolfanlage und einem Abenteuerspielplatz bei jedem Wetter das ganze Jahr über Attraktionen für Groß und Klein.

Ziele in der Umgebung

Kutterfahrten: in der Saison (April–Okt.) geht es fast tgl. hinaus aufs Meer, Termine stehen angeschlagen beim Anleger des jeweiligen Kutters (s. auch Tour 3, S. 112f.).
Seriemer Mühle (D 3): www.seriemer-muehle.de, in der Saison 10.30–12.30 und 14.30–18.30 Uhr. Eine lohnende Radtour führt zu der inmitten von Wiesen und Getreidefeldern am Neuharlinger Sieltief gelegenen Mühle, die noch funktionsfähig ist. Nach der Besichtigung lockt die Teestube.
Werdum: Fünf Autominuten südlich von Neuharlingersiel, schön als Ausflugsziel mit dem Rad. Traditionsreiches Ostfriesendorf mit St.-Nicolai-Kirche, Windmühle und Schmiede aus alter Zeit. Dazu gibt es einen kleinen Haustierpark und eine Kneippanlage; Info:Heimat- und Verkehrsverein Werdum, Tel. 049 74/99 00 99, www.werdum.de
Spiekeroog (D 2/3): s. S. 104.

Norden / Norddeich (A/B 4, A 3)

Stattliche Bürgerhäuser aus dem 17. und 18. Jh. umgeben den knapp 7 ha großen, baumbestandenen Marktplatz Nordens. Die älteste Stadt Ostfrieslands (ca. 25 000 Ew.) gehörte gegen Ende des 15. Jh. zu den führenden Häfen an der ostfriesischen Küste. Mit der zunehmenden Verlandung und Eindeichung der Leybucht verlor Norden seine Bedeutung als Handelshafen. Fährhafen und Badestrände liegen heute im 4 km entfernten Stadtteil Norddeich, dem größten Küstenbad Ostfrieslands.

Sehenswert

… rund um den Norder Marktplatz
Ludgeri-Kirche (ev.-luth.):
Mo–Sa 10–12.30, Di–Sa 15–17 Uhr,
Gottesdienst So 10 Uhr,
Orgelkonzerte Mitte Juni–Mitte Sept. Mi 20 Uhr,
Marktmusik Mai–Okt.
Sa 10.30–11 Uhr.
Die ältesten Teile des heute größten und bedeutendsten mittelalterlichen Kirchenbaus Ostfrieslands wurden zwischen 1235 und 1250 errichtet, der freistehende Glockenturm entstand um 1300. Die 1686–92 von Arp Schnitger geschaffene Orgel beeindruckt mit ihrem großartigen Klang.
Altes Rathaus: Der Bau aus der ersten Hälfte des 16. Jh. an der Westseite des Markts beherbergt das sehenswerte Norder Heimatmuseum mit Sammlungen zur Stadtgeschichte.
Ostfriesisches Teemuseum: Am Markt 36, beide Museen sind über den gleichen Eingang zugänglich, März–Okt. Di–So 10–16 Uhr, Juli, Aug. auch Mo. Das erste Spezialmuseum zum Thema ›Tee‹ in Europa.

Norden / Norddeich

Die Südseite des Marktplatzes flankieren die palaisartige, im Jahr 1662 ursprünglich als Privathaus errichtete Mennonitenkirche (Nr. 16–18, Besichtigung Mai–Sept. Sa 10–12 Uhr, Eintritt frei), das Neue Rathaus (Nr. 15) von 1884 und die Dree Süsters (›Drei Schwestern‹, Nr. 12, 13, 14), anno 1617 entstandene Kleinode des niederländischen Frühbarock.

Schöninghsches Haus: Osterstr. 5. Das aus dem Jahr 1576 stammende Patrizierhaus gilt als das am reichsten verzierte der Renaissance in Ostfriesland.

Pack- und Zollhaus: Am Hafen 8. Vom alten Hafen südlich des Zentrums fuhren noch zu Beginn des 20. Jh. Schiffe nach Portugal, England und Skandinavien. Von den alten Anlagen steht noch das Pack- und Zollhaus von 1857 (keine Besichtigung).

Norder Mühlen: Von den ehemals 14 Windmühlen sind nur noch drei erhalten. Zwei von ihnen passiert man am südlichen Ortseingang: die vierstöckige, funktionsfähige Deichmühle von 1900 (Bahnhofstr. 1, Juli und Aug. Mo–Fr 10–12, 15–17 Uhr) und schräg gegenüber die Frisia Mühle von 1855 (In der Gnurre 40, in der Saison Mi 15–17 Uhr). Im oberen Stockwerk ist das Muschel- und Schneckenmuseum untergebracht (April–Okt. Di–Fr 14.30–18 Uhr). Ein gemütliches Café und ein Naturkostladen gehören zur Westgaster Mühle (Alleestr. 65, Richtung Westermarsch, Mo–Fr 10–12.30, 15–18 Uhr, Do 15–17 Uhr Mahlvorführung, Backen im histor. Backofen).

.... in Norddeich

Nationalparkzentrum im Wellenpark: Dörperweg 22, Mo–Fr. 10–17, Sa, So 13–17 Uhr. Im Wellenpark befindet sich auch die Seehundaufzucht- und Forschungsstation: Jährlich werden hier 40–80 junge Seehunde aufgepäppelt, die dann im Herbst wieder im Wattenmeer ausgewildert werden. Angeschlossen ist auch eine Pflegestation für ölverschmierte Tiere.

In der Seehundstation in Norddeich werden junge Tiere aufgepäppelt

Norden / Norddeich

Sport & Strände
Sand- und Grünstrand in Norddeich.
Strand- und Freibad: Am Strand, Badestraße, Norddeich, Mitte Mai–Mitte Sept. 8.30–19 Uhr.
Ocean Wave: Familien- und Erlebnisbad: Dörperweg 22, im Wellenpark Norddeich. Öffnungszeiten: Bad: 10 – 21 Uhr, Sauna: 10 – 22 Uhr.

Ausgehen
Diskotheken
Der Club: Westerstraße, Norden.
Meta: Deichstraße, Norddeich.

Feste & Unterhaltung
Kino-Center: Osterstr. 136, Norden Tel. 049 31/41 50.

PLZ: 26506
Tourist-Info Norden: Im Heimatmuseum, Tel. 049 31/98 62 01, Fax 049 31/98 62 29.
Tourist-Info in Norden-Norddeich: Dörper Weg 22, Tel. 049 31/ 98 62 00, Fax 049 31/98 62 90, www.norden-norddeich.de

Schlosspark in Lütetsburg

Mal Ruhe von Wind und Meer. 6 km östlich von Norden liegt das Wasserschloss der Grafen zu Inn- und Knyphausen. Der gegen Ende des 18. Jh. im englischen Landschaftsstil gestaltete Schlosspark gehört mit seinen seltenen Bäumen und lauschigen Wasserläufen, den Hügeln, Tempel und Kapelle zu den schönsten Parkanlagen Norddeutschlands (Okt.–April tgl. 8–17, im Sommer 9–21 Uhr, ganzjährig frei zugänglich).

Hotel Zur Post: Am Markt 3, Norden, Tel. 049 31/27 87, pro Person 27–32 €.
Zentral am Norder Markt gelegenes, charmantes Hotel, das Radfahrer ohne Murren auch für eine Nacht aufnimmt; mit Café, Kneipe und Gaststube.
Hotel Reichshof: Neuer Weg 53, Norden, Tel. 049 31/17 50, Fax 049 31/175 75, www.hotel-reichshof.de, EZ 44–46, DZ 68–72 €.
Traditionsreiches Familienhotel, das dazugehörige Restaurant zählt zu den besten der Stadt.
Jugendherberge: Strandstr. 1, Norddeich, Tel. 049 31/80 64, Fax 049 31/818 28.
96 Betten in idealer, strandnaher Lage.
Ferienhof ›Groot Plaats‹: Deichstr. 31, 4 km westlich von Norddeich, Tel. 049 31/86 39, Fax 049 31/819 33, www.groot-plaats.de.
Hinterm Deich inmitten von Feldern liegt der Bauernhof mit Ferienwohnungen für 2–4 Pers. (33–68 €). Kinderspielplatz mit Kletterhaus, Ponys und Kleintiere zum Streicheln…
Hotel Regina Maris: Badestr. 7 c, Norddeich, Tel. 049 31/189 30, Fax 049 31/18 93 75, 48–75 €.
Moderner Hotelkomplex mit 120 Betten direkt an der Kurpromenade. Zwei Schwimmbäder, Sauna und Solarium sowie eine erstklassige Küche machen den Urlaubsgenuss komplett.
Nordsee Camp Norddeich: Deichstr. 21, Norddeich, Tel. 049 31/80 73, Fax 049 31/80 74, www.Nordsee-Camp.de, März–Okt.
Großer Platz mit 700 Stellplätzen westlich von Norddeich gleich hinterm Deich.
Wohnmobil-Stellplatz: in Norden-Norddeich am Dörper Weg, schräg gegenüber vom Wellenpark.

Norden / Norddeich

Markt vor der Lugeri-Kirche in Norden

 ... in Norden
Alte Backstube: Westerstr. 96, Tel. 049 31/143 75.
Gemütliche Bistro-Café-Kneipe gegenüber vom Tee- und Heimatmuseum.
Käpt'n Remmer: Osterstr. 136,
Tel. 049 31/34 55,
Di–So 11.30–14, 17.30–22 Uhr,
Mittagskarte um 7 €, abends Fisch und Fleisch 10–15 €.
Uriges Restaurant, freundliche Bedienung.
Restaurant Minna: Am Markt 68,
Tel. 049 31/32 11,
Di–So 11.30–14, 17.30–22 Uhr,
Mittagsgerichte zw. 4,50–7,50 €,
Hauptgerichte 8–14,50 €.
Gute, bodenständige und originelle Küche. Köstlich sind die frischen grünen, mit Blattspinat gefüllten und mit Speck umwickelten gebratenen Heringe.

... in Norddeich
In der Norddeicher Straße, die Norden mit Norddeich verbindet, laden zahlreiche Restaurants ein.
Im Hotel Regina Maris (s. Hotels) und im Haus des Gastes (Am Strand, Badestr., Tel. 98 40 20) wird sehr delikates Essen mit schönem Blick aufs Wattenmeer geboten.

 Bahnstationen: Hauptbahnhof Norden, Norddeich-Mole.
Flug: tgl. Flugverkehr zu den Inseln, verschiedene Rundflüge Tel. 04931/933 20.
Schiff: Ganzjährig Fähren von Norddeich nach Norderney (s. S. 103f.) und

Norden / Norddeich

Juist (s. S. 102). Im Sommerhalbjahr geht's mit dem High Speed Cat No. 1 nach Helgoland (s. S. 101f.), Info Reederei Norden-Frisia, Tel. 049 31/98 70, www.reederei-frisia.de

Ziele in der Umgebung
Museumseisenbahn-Küstenbahn-Ostfriesland: verkehrt auf der stillgelegten Bahnstrecke von Norden über Hage nach Dornum; in der Saison jeden So, 4 Abfahrten. Die Bummelfahrt über Land kann man schön mit einer Radtour verbinden; die Bahn nimmt Fahrräder mit.
Lütetsburg (B 4): s. Tipp S. 82.
Marienhafe (B 4): Ein ruhiger Flecken mit zwei Windmühlen, Marktplatz und dem ehemals mächtigen ›Dom‹. Bevor die 1230–50 erbaute St. Marien-Kirche im 19. Jh. verkleinert wurde, war sie der gewaltigste Kirchenbau in ganz Ostfriesland. Ein Prachtstück ist die von Gerhard von Holy geschaffene Orgel (1710–13). Der ehemals 72 m hohe Turm soll dem Piraten Störtebeker als Hauptquartier und Beutespeicher gedient haben. Als der Seeräuber hier Ende des 14. Jh. Unterschlupf suchte, war Marienhafe sturmflutbedingt zu einem Hafenort geworden. Die Seeräuber konnten – so will es zumindest die Legende – ihre Schiffe noch direkt an der die Kirche umgebenden Wallfestung festzurren. Im Turm der Kirche ist Klaus Störtebeker ein kleines Museum gewidmet (Mo–Sa 10–12, 14–17, So 14–17, Fr nur bis 16.30 Uhr) Touristinformation Brookmerland, Am Markt 11, Tel. 0 49 34/812 48, Fax 0 49 34/812 59, www.marienhafe.de.
Juist (A 3/B 1): s. S. 102.
Norderney (A/B 3): s. S. 103f.

Highlight
Otterndorf (J/K 2)

Bei Otterndorf fließt das Flüsschen Medem in die Elbe. Der mittelalterliche Ortskern bezaubert mit gut erhaltenen und liebevoll gepflegten Fachwerkhäusern aus dem 18. Jh., alten Speichern, kopfstein gepflasterten Gassen und einem Torhaus aus dem Jahre 1641 (Rest einer alten, heute nicht mehr vorhandenen Schlossanlage). Die ehemaligen Wälle wurden zu hübschen Promenaden – auf dem Norder- und dem Süderwall kann man den alten Stadtkern umrunden. Auf dem baumbestandenen Süderwall steht ein kleines Gartenhaus, im Sommerhalbjahr ist es das Domizil des Stadtschreibers, (Otterndorf vergibt jedes Jahr ein Literaturstipendium).

Vor dem Ende des 16. Jh. errichteten Rathaus steht ein Springbrunnen mit einem Otterpärchen – der Otter ist das Wappentier der Stadt (ca. 7000 Ew.). Seit wann der Otter das Stadtwappen ziert, ist ungeklärt, mit der Namensgebung des Städtchens hat er vermutlich nichts zu tun. Eine von mehreren Erklärungen leitet den Namen von der geographischen Lage des Ortes ab: Aterndorp das – vom Binnenland aus betrachtet – ›äußerste‹ Dorf vor der Elbe.

Sehenswert
Kranichhaus: Reichenstr. 3, schräg gegenüber vom Rathaus, April–Okt. Di–Fr 10–12, 14.30–16.30, Sa, So 14.30–16.30, Nov.–März Mi, So 14.30–16.30 Uhr. Das ›Museum des alten Landes Hadeln‹ zeigt kleinstädtische und ländliche Wohnkultur. Ein Kranich krönt den Volutengiebel des barocken Backsteinbaus von 1696. In dem ehemaligen Patrizier- und Kaufmannshaus befindet

Otterndorf

sich u.a. ein Biedermeiersalon sowie eine Silberkammer.
St. Severi-Kirche: Mai–Sept. Mo–Do 10–11.30, 15–17, Fr 10–11.30 Uhr.
Das größte Gotteshaus im Land Hadeln wurde im 13. Jh. errichtet und erhielt seine heutige Form 1739. Prunkvoll ist die Kanzel des dänischen Hofbildhauers Kriebel aus dem Jahr 1644, die noch die zeitgenössische Farbigkeit besitzt.
Alte Lateinschule: Himmelreich, gleich hinter der St. Severi-Kirche.
Seit 1445 bestand in Otterndorf eine Lateinschule (Besichtigung nur von außen). Der Fachwerkbau mit vorkragendem Erd- und Obergeschoss aus dem Jahr 1614 war von 1778–82 die Wirkungsstätte von Johann-Heinrich Voß, der hier Homers »Odyssee« übersetzte.
Voß-Haus: Voß-Str. 8. In dem vermutlich gegen Ende des 17. Jh. gebauten Rektorenhaus der Otterndorfer Lateinschule wohnte Johann-Heinrich Voß. Das Voßsche Arbeitszimmer mit Originalmöbeln ist während der Öffnungszeiten der Altstadtbuchhandlung im Erdgeschoss zugänglich, Mi und So 15–18 Uhr mit Ansprechpartner.
Hadler Haus: Marktstr. 21.
Imponierender Backsteinbau, der 1792 als Kaufmannshaus und Kornspeicher errichtet wurde.
Studio A: Sackstr. 4, Di–Fr 10–13, 15–18 Uhr, Sa, So 15–18 Uhr.
Das Museum gegenstandsfreier Kunst des Landkreises Cuxhaven liegt hinter dem Hadler Haus.
Mendoza-Museum: Marktstr. 12, Mi–Fr 10–18, Sa, So 14–18 Uhr.
Museum über das Gesamtkunstwerk ›Senor Mendoza-Museum und der C-Stamm‹.
Die Puppenstube: Sackstr./Ecke Marktstr.,
April–Okt. Mi–So 14.30–17,
Nov.–März Mi, Fr, So 14.30–17 Uhr.

Puppen von 1890–2002, Puppenhäuser, -stuben und Stofftiere.

Sport & Strände

Am Grünstrand ist das Schwimmen nur bei Flut möglich. Gleich hinterm Deich – achtern Diek – liegen aber zwei tideunabhängige Süßwasserbinnenseen – Nordsee mit Sandstrand und Südsee mit Spiel- und Liegewiesen sowie großzügigen Freizeitanlagen, Spielschiff, Wassermatschanlage, Carbahn usw. und der neu angelegte Wasser- und Landschaftspark Seeland.
Sole-Therme: Goethestr., tgl. geöffnet, siehe Aushang.
Angeln: Angelwässer: Hadelner Kanal, Medem, Unterelbe, See Achtern Diek (Nord- und Südsee), Wilster. Angelschein-Ausgabe (Bundesfischereischein erforderlich) am Campingplatz ›See Achtern Diek‹, Deichstr. 14, Tel. 047 51/29 33; im Foto- und Sportgeschäft Dahmke, Reichenstr. 16, Tel. 047 51/91 12 47.
Boot-, Kanu- und Kajakverleih Medem: Uferweg 4, Tel. 047 51/57 67.
Windsurfschule Otterndorf: Mobile Surfschule sowie Kanuverleih am Südsee, Anmeldung Tel. 01 72/599 44 99.

Einkaufen

Wochenmarkt: Auf dem Großen Specken, Fr 8–12 Uhr .

Feste & Unterhaltung

Germanischer Fünfkampf: Der Wettkampf wird jedes Jahr in der zweiten Julihälfte in Otterndorf ausgetragen. Die Disziplinen sind: Diek'n (Karreschleppen), Findlingstoßen, Keulenzielwurf, Germanenweitsprung (aus dem Stand) und Angelsachsenpfad.
Schützen- und Hafenfest: Juli und Aug.

Otterndorf

Nicht nur bei Jungs beliebt: Schlammschlacht im Watt

Altstadtfest: Wochenende um den 1. Aug., mit Flohmarkt, jeder Menge Musik, Leierkastenmännern, Wettkämpfen u.a. Kirschkernweitspucken.

Kinder

Otterndorf ist von Kopf bis Fuß auf Familien mit Kindern eingestellt. In der **Freizeitanlage ›See Achtern Diek‹** gibt's alle Möglichkeiten zum Baden (siehe oben), Toben und Klettern. Überdacht ist die Spiel- und Spaßscheune mit Riesenrutsche, Kletterberg, Trampolinanlage, in der Saison tgl. 10–20, sonst Mo–Fr 10–18, Sa, So 10–19 Uhr.

 Tourist-Information: im Historischen Rathaus, 21762 Otterndorf, Tel. 047 51/91 91 31, Fax 91 91 14, www.otterndorf.de, Mai–Sept. Mo–Fr 9–12, 14–17, Sa 10–16, Okt.–April Mo–Do 9–12, 14–17, Fr 9–12 Uhr.

 Jugendherberge: Schleusenstraße 147, Tel. 047 51/31 65, Fax 047 51/45 77.

Behindertengerechtes Haus in Deichnähe; 212 Betten in Zwei-, Vier- und Sechs-Bettzimmern.

Gasthaus und Pension Elbblick: Deichstraße 1, Tel. 047 51/35 30, DZ 24–26 €.

Das Haus, das sich seit 75 Jahren in Familienbesitz befindet, liegt direkt hinter dem Seedeich, einfache Doppelzimmer. Im Juli/Aug. wird hier das Schleusenschützenfest veranstaltet, dabei wird mit echten Armbrüsten geschossen.

Hotel am Medemufer: Goethestr. 15, Tel. 047 51/999 90, Fax 047 51/99 99 44, www.hotel-am-medemufer.de, pro Person 35–54 €.

Dreisternehotel mit ca. 25 Doppel- und Einzelzimmern, mit Restaurant Leuchtfeuer, Gratis-Benutzung der Sole-Therme.

See Achterdiek: In unmittelbarer Umgebung der Seenlandschaft gibt es mehrere Ferienhausanlagen, die im Gastgeberverzeichnis zu finden sind. Eine davon: Dänische Ferienhäuser im Ferienpark Südsee und Seeland, die

Otterndorf

meisten mit Sauna, viele mit Solarium, einige mit Kamin. Die Häuser liegen direkt am Seeufer: Info R. Wagner, Oderstr. 67, 27474 Cuxhaven, Tel./Fax 047 21/212 61. Verschiedene Haustypen für 4–6 Pers. (70–630 €).

Campingplatz See Achtern Diek: Deichstr. 14, Tel. 047 51/29 33, Fax 047 51/30 16, campingplatz@ otterndorf.de, April–Okt.
Campingplatz mit großzügigen Freizeitanlagen und Abenteuerspielplatz in unmittelbarer Nähe, neben der Spiel- und Spaß-Scheune, im Sommer Kinder- und Familienprogramm.

 Café Zaubernuß: Große Dammstr. 56, Tel. 047 51/57 39, tgl. ab 13.30, So ab 10 Uhr.
Immer wieder sonntags: Vollwert-Frühstücks-Buffet für 13 €, leckere Kuchen und Torten aus frisch gemahlenem Mehl und Honig; Galerie mit wechselnden Ausstellungen.

Elb-Terrassen: Schleuse-Außendeich, Tel. 047 51/22 13, in der Saison Di–So 10–22, sonst Di–So 10–18 Uhr, Gerichte 10 (Heringsfilet) – 25 € (Seezunge).
Beliebtes Ausflugslokal oberhalb des Seglerhafens mit Panoramablick zum Weltschifffahrtsweg Elbe. Tagesgerichte, Senioren- und Kinderteller. Günstiger Ausgangspunkt für einen Spaziergang an der Elbe.

›**In de Grund**‹: Am Großen Specken 5, Tel. 047 51/34 00, Mi–Mo 11.30–14, 17.30–22 Uhr, ab 7 €.
Gemütliche Kneipe und große Speisenauswahl, bei schönem Wetter kann man draußen sitzen.

Restaurant Ratskeller: Rathausplatz 1, Tel. 047 51/38 11, Mi–Mo 11.30–13.45, ab 17.30 Uhr, 9.50 (Matjesfilet) – 25 € (Gambas). Gehobene Gastronomie in den über 400 Jahre alten Gewölben des Historischen Rathauses.

 Bahn: Von Hamburg über Stade oder von Bremen über Cuxhaven.

Rad: Fernradwege durch Otterndorf und die Samtgemeinde Hadeln: Radfernweg Hamburg-Cuxhaven; Elberadweg Dresden-Cuxhaven; North-Sea-Cycle Nordseeküstenradweg; Elbe-Weser-Radweg Otterndorf-Bremen.

Ziele in der Umgebung

Medem-Fahrten: Ablegestelle Am Großen Specken, Fahrt zur Schleuse oder nach Pedingworth bzw. Ihlienworth. Infos Tel. 047 51/912513 oder 047 55/230. Die Medem war früher ein wichtiger Wirtschaftsweg. Auf dem Fluss fuhren Kähne, Flöten oder Bullen, wie die Boote je nach Form und Größe genannt wurden. Ein rekonstruierter Holzkran aus der Mitte des 18. Jh. erinnert noch an den Güterumschlag. Heute legen hier die Fahrgastschiffe zu romantischen Medemfahrten ab.

Wingst (K 3): ca. 15 km südöstlich von Otterndorf an der B 73 Richtung Stade. Unvermutet erhebt sich ein kleines Gebirge aus dem platten Land: das waldreiche Erholungsgebiet Wingst. Inmitten des 1100 ha großen, von Wanderwegen durchzogenen Waldgebiets ragt der 61 m hohe Deutsche Olymp empor (Aussichtsturm und Café). Im nahen Tierpark begeistert die Kleinen der Babyzoo mit Tierkindern aus aller Welt (in der Saison tgl. 10–18 Uhr). Reizvoll in die Landschaft eingebettet ist der Spiel- und Sportpark (April–Okt. 10–18 Uhr).

Natureum Niederelbe (K 2): in Balje an der Mündung der Oste in die Elbe, Abzweig von der B 73,

Otterndorf, Pewsum

In Otterndorf legen Schiffe zu romantischen Fahrten auf der Medem ab

April–Sept. Di–So 10–18, Rest des Jahres bis 17 Uhr.
Das Naturkundemuseum mit der ökologischen Station des Landkreises Stade lohnt den Weg: eine gelungene Kombination von Landschaftserleben, Naturbeobachtung und Museumsbesuch. Beim Natureum mündet die Oste, der zweitgrößte Nebenfluss der Unterelbe in den Mündungstrichter der Elbe, gute Möglichkeit für Vogelbeobachtung
Osten (L 3): Bekannt ist der beschauliche Ort an der Oste für ein technisches Baudenkmal: die 1909 konstruierte, 1974 stillgelegte Schwebefähre. (Für Freunde von Schwebefähren ist die Website www.schwebefaehre.de zu empfehlen: dort sind 30 Schwebefähren aus der ganzen Welt beschrieben). Die stattliche St. Peter-Kirche stammt von 1746/47. Ihr Baumeister war Johann Leonhard Prey, Miterbauer von Hamburgs berühmter Michaeliskirche.

Pewsum (A 5)

Das 945 erstmals urkundlich erwähnte Marktstädtchen – heute Verwaltungszentrum der Gemeinde Krummhörn mit 3100 Ew.– war ab Anfang des 15. Jh. Sitz des Häuptlingsgeschlechts der Manninga (s. Tour 1, S. 108f.). Die Dorfkirche stammt aus dem 13. Jh.

Sehenswert
Burgmuseum und Mühlenmuseum: www.manninga-burg.de,
Mitte Mai–Mitte Okt.
Di, Do 10–12.30, 15–17,
Sa und So 15.30–17.30 Uhr.
Die Manningaburg und das Mühlenmuseum, das die Geschichte von Landwirtschaft, Handwerk, Deichbau und Entwässerung Ostfrieslands dokumentiert, sind Teile des Ostfriesischen Freilichtmuseums. Man erhält Einblick in die Mühlentechnik, es gibt u.a. einen

Wangerland

Bäckerladen, eine Schuster- und Stellmacher-Werkstatt.

 Tourist-Info im Reisebüro I-Tours: Cirksenastr. 12, 26736 Pewsum, Tel. 049 23/84 89, Fax 049 23/86 22, Mo, Mi 9–12.30, Fr 14.30–17 Uhr.

 Hotel zur Post: Cirksenastr. 19, Tel. 049 23/271, Fax 049 23/801 21, www.hotel-zur-post-pewsum.com. Traditionsreicher Gasthof an der Hauptverkehrsstraße, 31–51 €. Hier bekommt man Kuchen und deftige, auch vegetarische Speisen.

 Manslagter Bauernstuben: Manslagter Dörpstraat 4, Manslagt, Tel. 049 23/91 16 30, 11–22 Uhr, ab 11 €. Traditionsreicher Dorfkrug mit internationaler Küche, preiswerte Tagesangebote. Im Sommer sitzt man im großen Biergarten, auch Zimmer und Ferienwohnungen.

 Bus: Verbindungen nach Emden und Norden, dort jeweils Bahnanschluss.

Ziele in der Umgebung

Campen (A 5): Über 1000 Jahre ist das bäuerlich geprägte Runddorf alt. Das Kuppelgewölbe der um 1295 aus Backstein errichteten Einraumkirche ist reich mit Malereien und Zierrippen ausgestattet. Sehenswert ist das in zwei typisch ostfriesischen Gulfhöfen untergebrachte Ostfriesische Landwirtschaftsmuseum und der Leuchtturm, eine 1892 fertig gestellte, rote Dreibein-Stahlkonstruktion (s. Tour 1, S. 108).

Wangerland (E 4)

Erst seit 1972/73 wurden die fünf Gemeinden mit den Orten Horumersiel, Schillig, Hooksiel, Minsen und Hohenkirchen zu einer Großgemeinde zusammengefasst. Der Name Wangerland (ursprünglich nur die Region nördlich von Jever) hat sich noch nicht so durchgesetzt und ist vielen unbekannt. Das Nordseeheilbad **Horumersiel-Schillig** liegt am ›Kap der guten Erholung‹, wo der Jadebusen ins offene Meer mündet. Hier laden Watt-, Deich- und Strandwege zu ausgiebigen Spaziergängen ein. Eine Idylle ist **Hooksiel**, der kleine Nordseeküstenbadeort am Rande des Wilhelmshavener Gewerbegebietes. Er entstand bereits Mitte des 16. Jh., die Einwohner lebten überwiegend vom Fisch- und Muschelfang, bis sich der Tourismus zum wichtigsten Wirtschaftszweig entwickelte. Heute steht der Hafen unter Denkmalschutz. Für einen Dorfbummel sollte man das Auto vor dem Ort parken, da es in den schmalen Straßen kaum Parkplätze gibt.

Sport & Strände

An Badestränden herrscht kein Mangel. In Horumersiel ist der Strand grün, weiter Sandstrand im Norden von Schillig mit Blick auf Wangerooge. Hooksiel verfügt über einen 3 km langen Sandstrand.

Friesland-Therme: Zum Hafen 3, Horumersiel, Mo–Fr 10–22, Sa, So 10–19 Uhr. Kombiniertes Frei- und Hallenbad, mit Saunabereich und vielen Vergnügungsmöglichkeiten für große und kleine Wasserratten, z.B. Erlebnisbecken.

Meerwasser-Hallenwellenbad: Zum Hallenbad, Hooksiel, Öffnungszeiten wie Frieslandtherme. Sauna und Dampfbad.

Wangerland

Wassersport auf dem Hooksmeer:
Ein ca. 60 ha großer Binnensee erstreckt sich östlich von Hooksiel bis zum Jadebusen – mit Wasserskiliftanlage (Imbiss-Restaurant am Wasser), Surfbucht und Surfschule, Marina mit Segelschule und ca. 400 Liegeplätzen für Sportboote. Das Gebiet um das Hooksmeer ist schön zum Radfahren, Spazierengehen und Reiten.

Einkaufen
In der stilvollen **Packhaus-Passage** am Hooksieler Hafen locken verschiedene Läden, u. a. mit erlesenen Goldschmiedearbeiten und Antiquitäten. Im **Künstlerhaus** (Lange Str. 16, Hooksiel) werden wechselnde Ausstellungen gezeigt.

Feste & Unterhaltung
Beim **Jaderennen** kann man in den Sommermonaten auf Galopper und Traber setzen.

Kinder
Kinderspielhaus Seesternchen: am Strand von Horumersiel, Osterferien bis Ende Herbstferien Mo–Sa 9–12, Mo–Fr 14–17 Uhr.
Spielscheune Bullermeck: An der Schleuse 3, Hooksiel, tgl. 10–18 Uhr. Mit Bungee-Trampolin, 10 m Kletterwand, Autoscooterbahn, Fischkutter mit Sandstrand, Panoramarestaurant.

 Wangerland Touristik GmbH: Zum Hafen 3, 26434 Horumersiel, Tel. 044 26/98 71 10, Fax 044 26/98 71 87, www.wangerland.de, Mo–Fr 8.30–16.30, Sa 9–12, So 10–12 Uhr. Die Nebenstelle in Hooksiel hat die gleichen Öffnungszeiten.

 Jugendherberge Schillighörn: Inselstr. 6, Tel. 044 26/ 371, Fax 044 26/506, www.jugendherberge.de/jh/schillighoern/, pro Person 14–19 €.
Das Haus mit 132 Betten liegt sehr ruhig am Ortsende gleich hinterm Deich in Strandnähe.
Hafen-Appartements: Info: Jacobs, Gödeke-Michelstr. 8, Hooksiel, Tel. 044 25/793, Fax 044 25/813 92, www.jacobs-hooksiel.de, 40 €.
Apartments für 2–4 Pers. mit Blick auf den Hafen, Schiffe und Marsch.
Hotel Leuchtfeuer: Pommernweg 1, Horumersiel, Tel. 044 26/990 30, Fax 044 26/990 31 10, 47–58 €.
Zimmer und Apartments in modernem architektonisch ungewöhnlichem Haus am Dorfplatz. Wellnessbereich mit Sauna, Dampfbad, Fitnessraum, Solarium; Restaurant Roter Sand.
Nakuk: Wiardergroden 22, Horumersiel, Tel 04426/90 44 00, Fax 90 44 29, www.nakuk.de, DZ ab 48 €.
Das Nakuk (Natur/Kunst/Kultur) ist ein alter Gulfhof, kenntnisreich renoviert mit lehmverputzten Wänden, schlichte, moderne Einrichtung, delikate Küche.
Upstalsboom-Hotel Am Strand: Mellumweg 6, Schillig, Tel. 044 26/880, Fax 044 26/881 01, www.upstalsboom.de, pro Person 54–69 €.
Luxuriöses Hotel in grandioser Lage.

Campingplatz Schillig: Tel. 044 26/98 71 70, Fax 044 26/98 71 71, April–Okt.
Nur einen Steinwurf vom Strand entfernt liegt die moderne, behindertengerechte Einrichtung, 3000 Stellplätze. Kinderspielhaus und kostenlose Kinderbetreuung. Für Camper gratis Nutzung der Friesland-Therme.

Wangerland

An der Nordseeküste ein Muss: Wattwanderung

Campingplatz Hooksiel: Tel. 044 25/95 80 80, Fax 044 25/99 14 75, April–Okt.
Mit großem FKK-Campingbereich. In Gehentfernung: das Wassersportparadies ›Hooksmeer‹, das Meerwasser-Hallenwellenbad, das Kinderspielhaus.

Altes Zollhaus: Hafenstr. 1, Horumersiel, Tel. 044 26/99 09 09, tgl. ab 8 Uhr, Mittagsgerichte um 8, abends 12–30 €.
Immer gut besuchtes Restaurant mit friesischer Teestube. Regionale, aber auch mediterrane Küche.

Zum Schwarzen Bären: Lange Str. 15, Hooksiel, Tel. 044 25/958 10, Mi Ruhetag, ab 11.30 Uhr, Hauptgerichte 6 (Eintopf) bis 22 € (Edelfischplatte).
Traditionsreicher Gasthof mit liebevoll eingerichteten Gaststuben.

Hotel-Restaurant-Café Packhaus: Am Alten Hafen, Hooksiel, Tel. 044 25/12 33, Vegetarisches, Aufläufe 7–10 €, Fisch 13–17 €.
Im maritim eingerichteten Restaurant werden delikate Fischspezialitäten serviert, die Café-Terrasse liegt direkt am Wasser. Außerdem sechs gepflegte Doppelzimmer.

Nächster Bahnhof ist Wilhelmshaven. Für jeden ankommenden Zug gibt es eine direkte Busverbindung ins Wangerland.

Ziele in der Umgebung

Nordseehaus Wangerland: im Gästehaus Minsen, Kirchenstr. 9, Minsen, www.nordseehaus-wangerland.de, April–Okt. Mo–Fr 10–17, Sa, So 14–17 Uhr.
Wattenmeer-Ausstellung mit Nordseeaquarien, Windenergieausstellung, viele Veranstaltungen und Exkursionen.

Wilhelmshaven

Maritime Meile

Eine hochkarätige maritime Meile lohnt eine Reise auch von weiter her: Rund um den Großen Hafen zieht sich der Boulevard der maritimen Attraktionen: Blaue Schilder weisen den Weg von der Nordseepassage (am Bahnhof) zum Piratenamuseum. Von hier geht's weiter zum Bontekai mit virtueller Unterwasserstation Oceanis, den wal.welten im neuen Küstenmuseum und Museumsschiffen. Über die Kaiser Wilhelm-Brücke gelangt man zum Südstrand. Stationen sind hier: Das Wattenmeerhaus, das Deutsche Marinemuseum, das Aquarium, Südstrand und Helgolandkai.

Wilhelmshaven (F 4/5)

Die ›grüne Stadt am Meer‹ (ca. 89 000 Ew.) hat eine junge Geschichte: 1853 kauften die Preußen dem Großherzog von Oldenburg für 500 000 Taler Land ab, um in dem durch Sturmfluten des Mittelalters zerrissenen Marschgebiet an der Jademündung einen Kriegshafen zu bauen. Die wirtschaftlichen Folgen des Zweiten Weltkriegs, in dem die Stadt zu 75 % zerstört wurde, überwand man durch den Bau von Gewerbe- und Industrieanlagen und den großzügigen Hafenausbau relativ schnell. Als einziger Tiefwasserhafen Deutschlands zählt Wilhelmshaven zu den wichtigsten europäischen Umschlagplätzen für Rohöl. Die Stadt ist heute der größte Stützpunkt der Bundesmarine, die im Sommer regelmäßig zum »Tag der offenen Tür« einlädt.

Sehenswert

Innenstadt: Am Weg zum Rathaus, dem Wahrzeichen der Stadt, passiert man die mit zahlreichen Erinnerungsstücken und Gedenktafeln der Kaiserlichen Marine ausgestattete **Christus- und Garnisonskirche** (tgl. 9–17/18 Uhr). Direkt neben der Kirche das **Piratenamuseum** (Ebertstr. 88a, www.piratenmuseum.de, Oster- bis Herbstferien tgl. 11–17 Uhr, Familienkarte 6 €), eine amüsante Ausstellung über Piraten. Exponate und Erlebnisräume sind so installiert, »dass die Kurzen keinen langen Hals machen müssen". Das 1928/29 von Fritz Höger aus Bockhorner Klinkerstein errichtete **Rathaus** besitzt einen 49 m hohen Turm (Turmfahrten erfragen unter Tel. 044 21/91 30 00), von dem sich ein schöner Rundblick bietet.

Parkanlagen: Mehrere ganztägig geöffnete Grünanlagen unterstreichen Wihelmshavens Ruf als ›Grüne Stadt am Meer‹. So beispielsweise der **Kurpark** (Bismarckstraße), die älteste Parkanlage der Stadt. Mehr als 2000 Pflanzenarten sind im **Botanischen Garten** (Gökerstr. 125, Mai–Sept. Mo–Fr 7–18.30, Sa 7–12, So 10–16 Uhr, sonst Mo–Fr 9–14, Sa 9–12, So 10–12 Uhr) zu besichtigen. Im Tropenhaus gedeihen Pflanzen aus dem Mittelmeerraum, aus den Tropen und Subtropen (ganzjährig tgl. 10–12 Uhr). Am Stadtpark liegt der **Schaugarten** mit Rosarium (Neuengrodener Weg 22, Tel. 044 21/91 30 00).

Störtebekerpark: Freiligrathstr. 426, Tel. 044 21/649 54, April–Okt. Mo–Fr 9–18, Sa 14–18, So 11–18 Uhr. Freizeit- und Umweltpark im Norden Wilhelmshavens mit Kräuter- und Bauerngarten, Feuchtbiotop, Pfannkuchenhaus, Schafstall – für Kinder viele Spielbereiche.

Wilhelmshaven

Hightlights der maritimen Meile:
Aquarium: Südstrand 123, www.aquarium-wilhelmshaven.de, tgl. 10–18 Uhr, Erw. 8, Kinder bis 15 Jahre 6, Familienkarte 26 €.
Moderne Großaquarien mit Seehunden, Pinguinen, Haien. Tropenhalle, Wissenswertes zu Biologie, Ökologie, Umwelt, Natur- und Tierschutz, Cafe mit Meeresblick, großer Aktions- und Spielbereich für Kinder (Kinder 2,5, Erw. 1,5 €).

Deutsches Marinemuseum: Südstrand 125, www.marinemuseum.de, April–Sept. tgl. 9.30–18.30, sonst 10–17 Uhr, Erw. 6.50, Kinder (6–14 Jahre) 3 €.
Ein 1888 erbautes Werkstattgebäude der Kaiserlichen Werft beherbergt das Marinemuseum. Auf dem Freigelände ist u. a. das 1993 ausgemusterte U-Boot »U10« zu besichtigen – hinterher weiß man genau, wie ungemütlich eng das Leben an Bord war.

Nationalparkhaus ›Das Wattenmeer‹: Südstrand 110 b, www.wattenmeerhaus.de, April–Okt. tgl. 10–18 Uhr, sonst Di–So 10–17 Uhr, Erw. 5,10 €, Familienkarte 10,20 € (zusätzlich gibt es Kombikarten mit wal.welten im Neuen Küstenmuseum).
Eine Ausstellung zum Anfassen, Mitmachen, Stöbern und Staunen. Der Besucher erfährt alles Wissenswerte über den Nationalpark Niedersächsisches Wattenmeer. Eines der bemerkenswerten Objekte ist die älteste deutsche Vogelwärterhütte von der Hallig Norderoog, in der der legendäre Vogelwart Jens Wand lebte. Der eigenbrötlerische »Vogelkönig von Norderoog«, über den noch heute viele Geschichten kursieren, fand 1950 seinen Tod im Watt. 1995 wurde seine alte, baufällige Hütte nach Wilhelmshaven ›verpflanzt‹.

Kaiser-Wilhelm-Drehbrücke: Die mit einer Spannweite von 159 m bei ihrem Bau größte Drehbrücke Europas – 1903–07 aus 758 t Eisen errichtet – verbindet den Südstrand mit dem Stadtgebiet.

Bontekai: Am Bontekai zwischen Südstrand und Innenstadt haben die Museumsschiffe festgemacht. Vom Südstrand kommend, passiert man zuerst das 1981 ausgemusterte Feuerschiff »Norderney«, das ein Restaurant beherbergt (außerdem besteht die Möglichkeit zu übernachten, Tel. 044 21/ 446 79). Daneben liegt der dampfbetriebene Seetonnenleger »Kapitän Meyer« (ebenfalls Übernachtungen möglich, zu buchen über die Tourist-Information Tel. 044 21/91 30 00), ein Stück weiter das Dampflok-Denkmal, die historische Güterzuglokomotive 44 606.

Oceanis: Bontekai 63, www.oceanis.de, tgl. 10–18 Uhr, Erw. 11,50, Kinder (6–14 Jahre) 5 €.
OCEANIS – virtuelle Unterwasserstation. Die Reise in die Tiefe beginnt mit dem Fahrstuhl. Die Wellen des Ozeans schlagen über den Köpfen der Besucher zusammen, während die Kabine in die Tiefe rauscht. Im Archiv des Meeres, in der Forschungszentrale und im Maschinenraum kann den Geheimnissen des Meeres auf den Grund gegangen werden. Hier wird der Gast zum Forscher. Für Nervenkitzel sorgen 3-D-Animationen, die Haie zum Greifen nah erscheinen lassen. Nach der Entdeckungstour werden die Gäste mit dem Oceanis-Jet in einem atemberaubenden Unter- und Überwasserflug zurück zur Oberfläche gebracht.

Neues Küstenmuseum: Weserstr. 58 / Bontekai, www.whv-touristik.de, April–Okt. tgl. 10–18 Uhr, sonst Di–So 10–17 Uhr, Eintritt: Erw. 6,65 €, Familienkarte

Wilhelmshaven

14,35 € (zusätzlich Kombikarten mit ›Das Wattenmeerhaus‹).

Das Museum befindet sich im Aufbau. Werkstattausstellungen zu wechselnden Themen zeigen in der Zwischenzeit ausgewählte Objekte der stadt- und siedlungsgeschichtlichen Sammlung. Mittelpunkt der Austellung **wal.welten** im Obergeschoss ist ein echter Pottwal, der 1994 vor der Insel Baltrum strandete. Seine riesigen Organe wurden in derselben Weise konserviert, wie die menschlichen Organe in der Aufsehen erregenden Ausstellung Körperwelten. Herz, Bronchien, Penis und das Blasloch sind die größten plastinierten Exponate der Welt. Blickfang ist natürlich auch das 15 m lange Skelett mit seinem beeindruckenden 4 m langen, asymmetrisch geformten Schädel. Erzählt werden Geschichten zu Walfang und Walschutz und zu den Wanderungen der Giganten durch die Ozeane.

Sport & Strände

Dank seiner schönen Strände ist Wilhelmshaven auch ein beliebtes Nordseebad.

Highlight

Südstrand: Der schönste Teil von Wilhelmshaven ist der Südstrand, eine Promenade mit Cafes, Restaurants und viel Flair. Wo sonst gibt es an der Nordseeküste einen Südstrand? Man kann den Strandkorb gen Süden der Sonne zudrehen, sich sonnen und dabei übers Wasser gucken. (An anderen Stränden muss man der Sonne den Rücken zudrehen, wenn man übers Meer schauen

Wilhelmshaven

möchte). Tideabhängiges Baden. Weitere Pluspunkte: Genügend Parkplätze gibt's beim Helgolandkai. Zwei, drei Spazierminuten sind es zum Aquarium, zum Marinemuseum und zum Nationalparkhaus ›Das Wattenmeer‹.
Klein Wangerooge: Tideunabhängig ist der 3 km lange Strand am Banter See. Wunderbares Terrain zum Grillen, und bei Flut kann man auch mal über den Deich spazieren und im Meer baden.
Sandstrand Geniusbank: Weitläufiger Sandstrand im nördlichen Stadtteil Voslapp, tideabhängiges Baden.
Citybad: Hallenbad, Kieler Str. 51; Freibad Nord: Möwenstr.; Frei- und Hallenbad Sportforum: Friedenstr. 97.
Wassersport: Surf- und Segelschule, s. S. 33.
Bei Surfern, Seglern und Kanuten beliebt ist der **Banter See** (tideunabhängig). Tideabhängiges Surfen auf der **Jade:** Parkplatz am Fliegerdeich/Südstrand.
Kanutouren: Geruhsame Kanutouren oder spritzige Seekajakfahrten auf dem Jadebusen oder zu den Ostfriesischen Inseln: Leihkanus und Informationen gibt es bei »Unterwegs« in der Nordseepassage am Bahnhofsplatz oder unter Tel. 044 21/99 42 87.

Einkaufen

In der Nordseepassage, die auch den Wilhelmshavener Hauptbahnhof mit einschließt, ist wetterunabhängiges Bummeln möglich. Gleich dahinter erstreckt sich die Marktstraße, die autofreie Einkaufsmeile der Stadt.
Wochenmarkt: Rathausplatz, Mi, Sa 7–12 Uhr; Börsenplatz, Di, Fr 7–13 Uhr.

Ausgehen

Börsenplatz: Wilhelmshavens Szenetreff in der Innenstadt mit vielen Restaurants, Bars, Kneipen und Cafes – an lauen Sommerabenden südländische Stimmung unter freiem Himmel.
Pumpwerk: An der Deichbrücke (5 Min. vom Bahnhof entfernt), Tel. 044 21/91 36 90, www.pumpwerk.de. Bekanntes Kulturzentrum mit internationalem Programm im Industriegebäude (Abwasserpumpwerk) von 1903. Auch Restaurant und Biergarten (siehe unten, Metropol).
Disco Fun: Bahnhofstr. 22, Mi 21–3, Fr, Sa 21–5 Uhr. Unterm gleichen Dach: **Tanzcafé Lollipop.**

Feste & Unterhaltung

Die Stadt am Jadebusen feiert gern. Ein Highlight ist das **Wochenende an der Jade** (s. S. 19). Ein buntes Programm

Kaiser-Wilhelm-Brücke in Wilhelmshaven

Wilhelmshaven

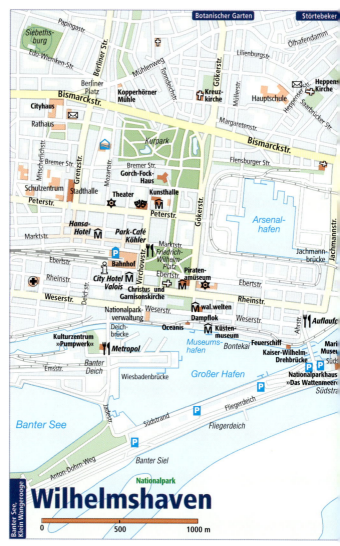

mit Live-Musik, Sport und Fun bietet das **Südstrandwochenende** in Kombination mit dem **Maritimen Jever Funsport Festival** Ende Mai/Juni.
Kino: Kinopolis: Bahnhofstr. 22, Tel. 044 21/75 56 55, www.kinopolis.de

PLZ: 26382–26389 s. jeweilige Einrichtung.
Tourist-Information Wilhelmshaven: Ebertstr. 110 (gegenüber der Nordseepassage), 26382 Wilhelmshaven, Tel. 044 21/91 30 00,

Wilhelmshaven

Hotel Seeräuber:
Südstrand 120,
Tel. 044 21/424 44, Fax 441 83.
Das Jugendhotel liegt nur 2 Min. vom Helgolandkai entfernt. Alle Drei- bis Vierbettzimmer haben Blick aufs Wasser und Aquarium. Einzelreisende und Familien können zwar nicht vorbestellen, wenn aber Platz ist, sind sie willkommen. Ruhe wird nicht garantiert.
Hotel Seestern: Südstrand 116,
Tel. 044 21/941 00, Fax 452 63,
www.hotelseestern.de,
pro Person 38–46 €.
Die Adresse sagt eigentlich schon alles... Blick über den Jadebusen zum Arngaster Leuchtturm, an der Grünstrandpromenade gelegen, mit Bistro.
City Hotel Valois: Valoisplatz,
Tel. 044 21/48 50, Fax 48 54 85,
www.city-hotel-valois.de,
pro Person 43–100 €.
Luxuriöse Zimmer, Suiten und Wohnungen im Stadtzentrum in Bahnhofsnähe am ruhigen, großzügigen Valoisplatz.
Ferienwohnungen am Meer: Info: Scheller, Südstrand 84, 26382 Wilhelmshaven, Tel 044 21/99 49 26, Fax 99 49 27, www.europaradise.net.
Nicht jeder mag es, riesige Hochhausanlage, aber die Lage ist grandios: der Jadebusen auf der einen, der maritime Yachthafen auf der anderen Seite, direkter Zugang zum Bade- und Surfstrand. Sehr unterschiedliche Ferienwohnungen für 2, 2–4 oder 6 Personen, ab 35 bzw. ab 45 € pro Nacht.
Camping Geniusbank:
Posener Str. 5, Tel. 044 21/99 50 35, Fax 99 50 33, www.whv-touristik.de, ganzjährig.
Bestens ausgestatteter Platz hinterm Deich, mit Freizeitzentrum, Minigolfanlage und Fahrradverleih am Sandstrand im Norden der Stadt, etwa 15 Autominuten ins Zentrum.

Fax 044 21/913 00 10,
Mo–Fr 10–18, Sa 9.30–13 Uhr,
www.whv-touristik.de.
In der Saison: Stadtführungen und -rundfahrten, Küstenfahrten, Hafenrundfahrten, Zimmervermittlung, Eintrittskarten für Veranstaltungen.

Wilhelmshaven

Entlang der Südstrandpromenade finden sich jede Menge Café-Restaurants mit Blick auf die Jade – und Sonne den lieben langen Tag, wenn sie denn scheint ... Auch in der Nordseepassage findet man einige gute Restaurants.

Auflaufcafé im Pumpwerk 1: Ahrstr. 24, Nähe Kaiser-Wilhelm-Brücke, Tel. 044 21/445 90, tgl. ab 18 Uhr, jeder Auflauf 6,90 €. Aufläufe und ein gutes Konzept: Die Zutaten ›seines‹ Auflaufs kann man sich selbst zusammenstellen. Großer Biergarten.

Café Seewärts: Südstrand 120, gegenüber vom Aquarium, Tel. 044 21/424 44, tgl. ab 10 Uhr. Café mit maritimem Flair. Auf der Karte stehen Seeräuberpfannkuchen, süß oder deftig, und Apfelkuchen von ›geklauten Äpfeln‹.

Metropol: An der Deichbrücke, Tel. 044 21/436 60, Mo–Fr 12–1, Sa 10–2, So 9–1 Uhr. Kneipe, Bistro, Restaurant und Biergarten im alten Pumpwerk; am Wochenende wird zum großen Frühstücksbüffet geladen.

Park-Café Köhler: Virchowstr. 11, Tel. 044 21/411 04, tgl. 8–19 Uhr. Wer müde vom Shoppen ist, wird hier wieder aufgepäppelt: Eine große Auswahl an Torten und Kuchen aus eigener Konditorei wartet. Wohltuender ›Krach‹ rundet den Besuch ab: Auf der großen Terrasse ist das Gezwitscher der Vögel aus dem angrenzenden Vogelpark zu hören.

Bahn: tgl. Seebäderzug Oldenburg-Wilhelmshaven. Info: Deutsche Bahn AG, kostenfreie Fahrplanauskunft 0800/1 50 70 90; NordWestBahn, Tel. 01805/60 01 60.

Bus: Saison-Linie 8 fährt vom Hauptbahnhof zum Südstrand und zum Helgolandkai. Regelmäßige Busverbindungen u. a. nach Sande-Jever, Hooksiel-Horumersiel-Schillig, Zetel-Bockhorn-Varel, Wittmund-Aurich-Emden; Auskunft Verkehrsgemeinschaft Friesland/Wittmund, Tel 01805/1 94 49.

Schiff: Personen- und Fahrradfähre nach Eckwarderhörne, Juni–Aug. 9–16.30 Uhr ab Helgolandkai, Reederei Warrings, Tel. 044 21/434 43 und 044 64/94 950, www.reederei-warrings.de. In der Saison tgl. nach Helgoland (siehe oben).

Ziele in der Umgebung

Bäderschiffe nach Helgoland (s. S. 101): Ende April–Anfang Okt. tgl. gegen 9 Uhr ab Helgolandkai, Auskunft: Reederei Warrings, Tel. 044 21/4 34 34, www.reederei-warrings.de. Die Reederei bietet von Mitte/Ende April–Okt. auch mehrmals tgl. Hafenrundfahrten an, Abfahrt ebenfalls Helgolandkai.

Jever (E 4): Die ehemalige Häuptlingsstadt erhielt unter der Herrschaft der Regentin ›Fräulein Maria‹ (1500–75) die Stadtrechte. Sehenswürdigkeiten in der Altstadt sind das Schloss (Bauzeit 15./16. Jh.; Di–So 10–18 Uhr), in dem das Heimatmuseum untergebracht ist, der von schönen Bürgerhäusern aus dem 16. und 18. Jh. gesäumte Kirchplatz, das Edo-Wiemken-Denkmal (1561–64) in der Stadtkirche und das Rathaus mit rundbogigem Renaissanceportal aus dem frühen 16. Jh.

Aus Jever stammt das gleichnamige Bier. Das **Friesische Brauhaus** zu Jever ist zu besichtigen, Elisabethufer 18, www.jever.de, Mo–Fr 9–18, Sa 9–14 Uhr. Führung inkl. Verkostung, 6,50 €; Anmeldung im Jever-Shop, Schlachtstr. 2, Tel. 044 61/13 711.

Wremen (H 3)

Ungewöhnlich dicht hinter dem Deich liegt das auf einer Warf gelegene Bauern- und Fischerdorf, das etwa ab dem 8. Jh. von Friesen besiedelt wurde (heute 1900 Ew.). Aus der Mitte des 12. Jh. stammt die trutzige, aus Tuffstein erbaute St. Willehad-Kirche. Sehr schön ist die mit Darstellungen aus dem Alten Testament bemalte Decke von 1737. Auf der Hafenterrasse direkt an den Liegeplätzen der Krabbenkutter, die vom Dorfzentrum nur wenige Spazierminuten entfernt ist, kann man bei einem kühlen Bier oder einem Krabbenbrötchen die einlaufenden Krabbenfischer beobachten.

Sehenswert
Museum für Wattenfischerei: Wurster Landstr., Mai–Sept. Di–Sa 11–17, So 15–18 Uhr. Dokumentation der Wattenfischerei an der Nordseeküste: von der Entwicklung der Fangmethoden über die Verarbeitung und Vermarktung des Fischfangs, der Wattenmeerfauna zu den Lebensbedingungen der Fischerfamilien.

Sport & Strände
Grüner Strand, so weit das Auge reicht. Riesenwasserrutsche mit über 100 Meter Länge am Wremer Strandturm.
Surfen ist bei Flut möglich, gute Bedingungen für Anfänger, da das Wasser sehr flach ist.
Wattwandern: Mehrmals pro Woche geführte Wattwanderungen, Treffpunkt Strandkasse am Wremer Tief.

Feste & Unterhaltung
Biergartenfest: Mitte Mai–Mitte Sept., Mi 19–22.30 Uhr. Veranstaltet vom Verkehrsverein, auch von Einheimischen gern besucht. Live-Musik, auf den Grill kommen Schaschlik, Bratwürstchen, Scampi-Spieße und Aale.

 Verkehrsverein: 27638 Wremen, Rosenstr. 4, Tel. 047 05/210, Fax 1384, www.wremen.de, Mitte Juni–Mitte Sept. Mo–Fr 8–12, 14–17, Sa 9–12 Uhr, sonst reduzierte Öffnungszeiten.

Pension Villa Hey: Wurster Landstr. 93, Tel. 047 05/95 00 16, Fax 10 10, www.villa-hey.de, pro Person 26–35 €. Hübsche, 1,5 km vom Strand entfernte Frühstückspension; alle Zimmer mit TV und Telefon.

Der Deichhof: In der Hofe 27, 1 km südlich, Tel. 047 05/242, Fax 1332, www.deichhof.de, 40–100 €. Ferienwohnungen für 2–9 Pers. in einem über 200 Jahre alten, liebevoll renovierten Landgut mit großer Scheune, Bauerngarten und regensicherem Kinderspielplatz, Frühstücksmöglichkeit in friesischem Ambiente.

Campingplatz Wremer Tief: Strandstr., Tel. 047 05/1088, Buchung über Verkehrsverein, Mai–Aug. Der Platz liegt vor dem Deich und bietet freien Blick auf das Meer und den Schiffsverkehr zu den Überseehäfen. An den Platz grenzt der Kutterhafen.

 Restaurant Zur Börse: Lange Str. 22, Tel. 047 05/1277, Di geschl., Mi erst ab 17.30 Uhr, Gerichte 10 (Nudeln) bis 18 € (Lamm). »Dat historische Hus glieckts achter de Kark« ist für delikate Küche bekannt.

Bahn: RegionalExpress zwischen Bremerhaven und Cuxhaven, fast stündlich. Wremen ist nur Haltebahnhof. Mitnahme von Fahrrädern ist möglich.

Dünen auf Spiekeroog

Nordseeinseln

Baltrum (B/C 3)

Mit 6,5 km² ist das ›Dornröschen der Nordsee‹ sehr überschaubar: Baltrums knapp 550 Einwohner leben in zwei Siedlungen: im West- und im Ostdorf, beide im Westteil der Insel gelegen. Autos gibt es nicht, Fahrräder sind nicht erwünscht, man braucht sie auch nicht. Kinder kommen in den Bollerwagen, die Großen gehen zu Fuß. Kinder lieben vor allem Baltrums weiten und weißen Sandstrand. Wer nur für einen Tagesbesuch nach Baltrum kommt, marschiert vom Fähranleger auf das Dorf zu, biegt am Nordseehaus (Nr. 177) – es beherbergt das Nationalparkhaus und ein kleines Inselmuseum – rechts ab, und quert das Westdorf zum Bade- und Burgenstrand.

Straßennamen sucht man auf der Insel vergebens, die Häuser sind chronologisch nummeriert. Zu den ältesten gehören Nr. 5 und 6 in der Nähe der alten, 1826 errichteten Kirche im Westdorf. Neben der winzigen Kirche befindet sich Baltrums Wahrzeichen, eine einst während einer Sturmflut an Land getriebene Schiffsglocke in einem hölzernen Glockenstuhl.

Unmittelbar hinter den letzten Häusern des Ostdorfes gibt es nur noch Natur pur. Zu den schönsten Dünenlandschaften gehört das zwischen dem weißen Dünengürtel im Norden und den grauen Dünen in der Inselmitte eingebettete Große Dünental mit Aussichtsdünen und schilfbedeckten Feuchtgebieten. Ein schöner Spazierweg führt am Heller entlang gen Osten zum Osterhook, am Strand geht es zurück in den Ort.

Kurverwaltung Baltrum: Tel. 0 49 39/800, Fax 0 49 39/80 27, www.baltrum.de.
Zimmervermittlung: Tel. 0 18 05/91 40 03, www.zimmervermittlung-baltrum.de

Tideabhängige **Fährverbindung** ab Neßmersiel (keine Autos), etwa 3 x tgl., Fahrtdauer 30 Min.; Reederei Baltrum-Linie: Tel. 049 39/913 00, www.baltrum-linie.de.

Borkum (A 1)

Die westlichste und mit über 30 km² größte Ostfriesische Insel ,50 km vom Festland entfernt, kann mit Hochseeklima werben. Vom Fähranleger zuckelt die bunte Inselbahn 7,5 km durch Watt, Heide und Dünen. Wer die ganze Insel erkunden möchte, kann sich beim Bahnhof ein Fahrrad leihen. Wer zu Fuß unterwegs ist,bzw. bereit ist, das Fahr-

Ausflüge auf die Nordseeinseln

rad erstmal zu schieben, tut gut daran, vom Bahnhof als erstes der Bismarckstraße an die Strandpromenade zur offenen Nordsee zu folgen. Schräg gegenüber vom Musikpavillon liegt die ›Kurhalle am Meer‹ mit vielen Restaurants und Cafes.

Zwei Leuchttürme gewähren Fernsicht übers Meers: An der Strandstraße, die von der Promenade abzweigt, befindet sich der Neue Leuchtturm (April–Okt. tgl. geöffnet). Von hier gelangt man auf verschiedenen Wegen ins Altdorf. Im alten Dorfkern scharen sich geduckte Friesen- und Fischerhäuschen um den Alten Leuchtturm von 1576. Gartenzäune aus grau verwitterten Walkinnladen erinnern an die große Zeit des Walfangs im 18. Jahrhundert. Zwei Walrippen bilden den Eingang zum Heimatmuseum Dykhus (Roelof-Gerritz-Meyer-Str., in der Saison Di–So 10–12, 15–17 Uhr). Mehrere Wander- und Radwege und eine Autostraße führen gen Osten, an Waterdelle und Tüskendör – vogelreichen Feuchtgebieten – vorbei zu den Bauernhöfen im Ostland. In zwei Lokalen mit großer Gartenterrasse werden Ausflügler bewirtet.

Tourist-Information Borkum: Am Georg-Schütte-Platz 5, gegenüber vom Bahnhof, 26757 Nordseeheilbad Borkum, Tel. 049 22/ 93 30, www.borkum.de.

Tideunabhängige **Fährverbindung** ab Emden (mit Auto), je nach Saison 2–4 x tgl., Fahrtdauer inkl. Inselbahn 2 Std. 30 Min.; mit dem Katamaran 1 Std. 30 Min., in der Saison 1–2 x tgl.; Reederei AG Ems, Tel. 01 80/502 43 67, Fax 049 21/89 07 42, www.ag-ems.de.

Helgoland

Deutschlands einzige Hochseeinsel bezaubert mit Naturschönheiten und prickelnd reiner Seeluft. Rund eine halbe Mio. Besucher kommen pro Jahr, überwiegend Tagesgäste, die der zollfreie Einkauf lockt. Um an Land zu kommen, müssen sie in Börteboote (offene Motorboote) umsteigen. Die Tagesaufenthalte dauern in der Regel 3–4 Std. Das Programm der meisten Tagesgäste sieht wie folgt aus: Wanderung einmal um das Oberland herum, Shoppen und Essengehen im Unterland oder Oberland, wenn die Zeit noch reicht: Bummel zum Südhafen. Ober- und Unterland verbindet ein kostenpflichtiger Fahrstuhl, man kann allerdings genausogut auf dem Serpentinenweg die ›Etage‹ wechseln.

Auf dem Oberland: Etwa 1 Std. braucht man, um auf dem knapp 3 km langen Klippenrandweg einmal um das Oberland herumzuwandern – dabei passiert man Helgolands berühmteste Sehenswürdigkeiten: den Lummenfelsen und die Rote Anna. Deutschlands einziger Vogelfelsen ist Brutkolonie für mehr als 5000 Vogelpaare. In den steilen Felswänden brüten überwiegend Dreizehenmöwen und Trottellummen. Ein spektakuläres Schauspiel bietet sich im Mai und Juni: Die junge, noch flugunfähige Lumme stürzt sich vom Felsen, flattert dabei so kräftig es geht mit den Flügeln, bis sie unsanft im Wasser aufplatscht. Dort wartet schon die Altlumme, die gemeinsam mit ihrem Jungen auf die offene See hinausschwimmt.

Im Unterland lohnt das Aquarium der Biologischen Anstalt mit grandiosem Seehundbecken einen Besuch. Reizvoll ist ein Spaziergang zum Südhafen. In vielen der bunten Hummerbuden, einst Lagerplätze und Werk-

Ausflüge auf die Nordseeinseln

stätten der Helgoländer Fischer, findet man Galerien, Antiquitäten, Kunstgewerbe, aber auch das Informationszentrum des Vereins Jordsand, das über Natur und Geschichte der Insel informiert.

Die Düne, eine kleine, Helgoland vorgelagerte Sandinsel, ist für Tagesbesucher nicht zu erreichen. Hier verbringen Badegäste geruhsame Strandtage, bis die Tagesausflügler abgereist sind, dann kehren sie nach Helgoland zurück.

 Helgoland-Touristik GmbH:
Im Rathaus,
Lung Wai 28, 27493 Helgoland,
Tel. 047 25/81 37 11, -12,-13, -17,
Fax 047 25/81 37 25,
www.helgoland.de

In der Saison Ausflüge von fast allen größeren Küstenorten, u. a. tgl. von Cuxhaven und Wilhelmshaven.

Juist (A 3/B 1)

Dat Töwerland, ›das Zauberland‹, wird die 17 km lange, aber nur 500–1000 m breite autofreie Insel genannt. Bei der Ankunft der Fähre warten Pferdekutschen, um Feriengäste abzuholen. Tagesgäste können sich getrost zu Fuß aufmachen, der Weg in den Hauptort dauert zu Fuß kaum 2 Minuten. Und noch ein paar Schritte weiter gelangt man wieder ans Meer.

Im wahren Sinne des Wortes herausragend ist das um 1897/98 entstandene alte **Kurhaus,** das im Jahre 1912 den König von Sachsen mit seinem Gefolge beherbergte. Das imponierende Bauwerk stand viele Jahre leer, bevor es zu einer exklusiven Hotel-Appartementanlage mit hauseigenem Restaurant ausgebaut wurde. Lohnend ist ein Spaziergang in den Westen der Insel: Im **Küstenmuseum** im westlichen Ortsteil Loog (Loogster Pad 29, in der Saison Mo–Fr 9–12, 14.30–18,

Mit Blick auf das Meer: Café Marienhöhe auf Norderney

Ausflüge auf die Nordseeinseln

Sa 9–12, sonst Di, Do 14–17 Uhr) kann man sich über die Geschichte der Insel informieren. Traumhaft ist eine Wanderung um den **Hammersee**, den einzigen größeren Süßwassersee auf den Inseln. Im äußersten Inselwesten lädt die **Domäne Bill**, das beliebteste Juister Ausflugslokal, zur Rast. Hier sollte man unbedingt Stuten probieren, dickes, mit Butter bestrichenes Rosinenbrot.

Kurverwaltung Juist:
Postfach 1464, 26560 Juist, Tel. 049 35/809 105, Fax 049 35/80 92 23, www.juist.de.

Tideabhängige **Fährverbindung** ab Norddeich (ohne Auto), 1–2 x tgl., Fahrtdauer 1 Std. 25 Min.; Reederei Norden-Frisia, Tel. 049 31/98 70, www.reederei-frisia.de

Langeoog (C/D 3)

Ostfrieslands ›Gipfel‹ lag lange Zeit auf Langeoog, doch durch natürliche Abtragung hat sich die einst über 21 m hohe Melkhörndüne um fast 2 m reduziert. Ein grandioser Aussichtspunkt ist sie immer noch. Auf der 12 km langen Insel gibt es keine Autos. Zwischen Hafen und Inselort verkehrt die nostalgische Inselbahn. Vom Bahnhof führt die breite, von Laubbäumen gesäumte Hauptstraße direkt auf den 1909 erbauten, 18 m hohen Wasserturm zu – das Wahrzeichen der Insel. Von hier gelangt man durch den breiten Dünengürtel auf die Höhenpromenade hoch über der Nordsee, an der mehrere Café-Restaurants mit schönem Panoramablick liegen. Die Höhenpromenade führt oberhalb des Kurviertels mit Meerwasser-Freizeit- und Erlebnisbad und den Kinderspielhäusern vorbei und endet an der Straße Gerk sin Spoor. Von hier gelangt man zum geschichtsträchtigen Dünenfriedhof mit dem Grab der Lale Andersen. Die Sängerin der Lili Marleen starb 1972 zwar in Wien, wurde aber auf ihren Wunsch hin hier beigesetzt. Ein paar Schritte weiter passiert man den Sonnenhof, ein hübsches, reetgedecktes Inselhaus, das einst Lale Andersen gehörte und heute eine beliebte Tee- und Weinstube beherbergt.

Ein beliebtes Ausflugsziel im Osten der Insel ist die Meierei Ostende, wo man sich bei Kaffee und Kuchen stärken kann. Hinter der Meierei führt ein gepflasterter Radweg weiter Richtung Osterhook, vom Ende des Weges sind es gut 10 Min. zu Fuß zur Aussichtsplattform, von der man Seehunde beobachten kann.

Kurverwaltung Langeoog:
Hauptstr. 28, 26465 Langeoog, Tel. 049 72/69 30, www.langeoog.de.

Tideunabhängige **Fährverbindung** ab Bensersiel (ohne Auto), bis zu 9 x tgl., Fahrtdauer inkl. Inselbahn 1 Std.; Tel. 049 72/69 32 60.

Norderney (A/B 3)

Als erstes deutsches Nordseebad 1797 von Preußenkönig Friedrich Wilhelm II. gegründet, gilt Norderney als Grande Dame unter den Inseln. Ihre große Zeit brach an, als König Georg V. von Hannover im Jahr 1836 seine Sommerresidenz nach Norderney verlegte, fortan trafen sich hier Adelige, Staatsmänner und Künstler. Klassizistische Prachtbauten aus jener Zeit verleihen der Insel noch heute ein vornehmes Flair. Mittelpunkt der Insel ist der Kurplatz mit Kurhaus (beherbergt heute ein

Ausflüge zu den Nordseeinseln

Am Strand von Wangerooge

Spielkasino) und Kurtheater aus der Gründerzeit der Insel. In der Hochsaison drängeln sich Urlauber und Tagesgäste durch die Fußgängerzonen, Geschäft reiht sich an Geschäft – Norderney ist auch eine Shopping-Insel. Im Café Marienhöhe oberhalb der Promenade lässt sich der Blick über die Nordsee genießen, hier schwelgte schon der Dichter Heinrich Heine. Das Fischerhaus im Argonner Wäldchen beherbergt das Heimatmuseum (April–Sept. Mo–Sa 15–17, So 10–12, sonst Fr 15–16 Uhr). Herrlichste Dünen- und Salzwiesenlandschaft bietet der Osten: Am Parkplatz Ostheller endet die Autostraße (bis hierhin fährt im Sommer auch der Bus). Weiter geht's nur zu Fuß. Das bunt bemalte Wrack unterhalb der Rattendüne am Ostzipfel ist ein beliebtes Wanderziel

Wer bis zum Ablegen der Fähre noch etwas Zeit hat, kann im Nationalparkhaus vorbeischauen – nur ein paar Meter vom Anleger entfernt, (Filme auch speziell für Kinder). Neben dem Nationalparkhaus befindet sich ein Restaurant mit guten Fischgerichten sowie ein Fahrradverleih.

Niedersächsisches Staatsbad: Weststrandstr. 2, 26548 Norderney, Tel. 04932/89 10, Fax 89 11 12, www.norderney.de.

Tideunabhängige **Fährverbindung** ab Norddeich (mit Auto), in der Saison fast stündlich, Fahrtdauer ca. 1 Std.; Reederei Norden-Frisia, Tel. 0 49 31/98 70, www.reederei-frisia.de

Spiekeroog (D 2/3)

Die autofreie Insel, auf der selbst das Radfahren nicht gern gesehen wird, gilt wegen ihrer wunderschönen urwüchsigen Natur – ausgedehnte Dünenlandschaften, Salzwiesen und Watten – als Geheimtipp. Anders als auf den übrigen Ostfriesischen Inseln mussten die Spiekerooger ihr Dorf seit 1600 nicht mehr verlegen. Das Gotteshaus von 1696 ist die älteste aller Inselkirchen. Es ist ein Vergnügen, durch die von hochgewachsenen Laubbäumen gesäumten Gassen zu schlendern. Gemütliche Restaurants und Teestuben in jahrhundertealten Fischerhäusern laden zum Ver-

Ausflüge zu den Nordseeinseln

weilen ein. Das alte Dorf ist durch einen breiten Dünengürtel vom Meer getrennt. Tagesgäste, die zum Baden auf die Insel kommen, müssen also ein Stück marschieren.

In den Westteil der Insel verkehrt (nur in der Saison) eine Pferdebahn, deren Kutscher immer nette Anekdoten zu erzählen weiß. Im Westen befindet sich der Spiekerooger Campingplatz, der im Sommer immer ausgebucht ist. Auf dem Weg zu den Resten des alten Fähranlegers passiert man den urigen Kiosk des Campingplatzes – schön für eine Rast, bevor man immer am Strand entlang den Inselwesten umrundet.

Der Ostteil Spiekeroogs liegt in der Ruhezone des Nationalparks und darf nur auf wenigen markierten Wegen betreten werden. Das Gebiet der von vielen Wasserflächen durchzogenen Ostplate ist in der Brut- und Aufzuchtzeit der Vögel (April–Juli) für Spaziergänger zum großen Teil gesperrt, Infostand am Rand des Naturschutzgebiets. Hier befindet sich auch die Hermann-Lietz-Schule, ein staatlich anerkanntes Internatsgymnasium für knapp 90 SchülerInnen. Sie genießen eine ganzheitliche Erziehung, die neben den obligatorischen Fächern auch den Erwerb handwerklicher und praktischer Fertigkeiten umfasst. Von der Schule gelangt man (ganzjährig begehbar) zum Strand auf der Nordseite der Insel.

Nordseebad Spiekeroog: Postfach 1160, 26466 Spiekeroog, Tel. 0 49 76/91 93 01, Fax 91 93 47, www.spiekeroog.de.

Tideabhängige **Fährverbindung** ab Neuharlingersiel (ohne Auto), 1–3 x tgl., Fahrtdauer 50 Min.; Auskunft: Hafen Neuharlingersiel, Tel. 049 74/214.

Wangerooge (E 2)

Das autofreie Eiland eignet sich zum Wandern und Radfahren, zum Sonnenbaden am weißen Sandstrand. Von hier bietet sich ein traumhafter Blick auf Schiffe aus aller Welt, die am Horizont vorbeiziehen auf dem Weg zu den großen Seehäfen Wilhelmshaven, Bremerhaven, Hamburg. Schön sind die vogelreichen Lagunengebiete im Westen der Insel; die Inselbahn passiert sie auf dem Weg vom Anleger ins Dorf. Wahrzeichen der Insel ist der **Neue Westturm** (Jugendherberge), der 1932 als Nachbildung des alten Westturms aus dem 16. Jh. errichtet wurde. Wer mag, kann gleich am Anleger aussteigen und den Westen zu Fuß umrunden. Wer lieber erst in den Inselort möchte, nimmt die Inselbahn in den Ort. Am Bahnhof nimmt die Zedeliusstraße ihren Ausgang, Wangerooges Einkaufsstraße und Flaniermeile. Sie führt am Alten Leuchtturm von 1855 (Heimatmuseum und Aussichtsturm; Ostern–Herbstferien tgl.) direkt zum Café Pudding oberhalb der Strandpromenade – Kaffee und Kuchen gibt's hier mit Panoramablick aufs Meer. Im Rosenhaus (Abzweig von der Zedeliusstr.) ist das Informationszentrum des Nationalparks Niedersächsisches Wattenmeer untergebracht (Friedrich-Aug.-Str. 18, in der Saison tgl.).

Touristservice Nordseeheilbad Wangerooge e.V.: Pavillon am Bahnhof, 26476 Wangerooge, Tel. 04469/94880, www.wangerooge.de. Unterkünfte: www.westturm.de.

Tideabhängige **Fährverbindung** ab Harlesiel (ohne Auto), 2–3 x tgl., Fahrtdauer inkl. Inselbahn knapp 1,5 Std.; Auskunft Bahnhof Harlesiel: Tel. 044 64/94 94 11.

Extra-

Niedersächsische Nordseeküste: auf dem Meer, hinter dem Deich und durchs Watt
1. Eine Fahrradtour zu den Burgen, Orgeln und Warfendörfern der Krummhörn

Alle Touren sind auf dem großen Faltplan eingezeichnet

Touren

2. Moore und Meere
3. Mit dem Krabbenkutter zu den Seehundbänken
4. Von Mühle zu Mühle
5. Eine Wattwanderung nach Neuwerk und Scharhörn

Mühle in Rysum

Tour 1

Mit dem Fahrrad durch die Krummhörn

Häuptlingssitze

Wogende Getreidefelder ziehen sich bis zum Horizont, goldene Rapsfelder umschmeicheln die Warfendörfer, auf grünen Weiden grasen schwarzbunte Kühe – und nirgends ein Berg, der einem die Puste raubt, höchstens der Wind.

Die Rundtour nimmt ihren Anfang in **Hinte** (A 5), einem ehemaligen Häuptlingssitz. Von alter Häuptlingsherrlichkeit zeugen zahlreiche Renaissance-Grabplatten im Inneren der mittelalterlichen Kirche. Gleich nebenan die Wasserburg Hinta, ein typischer Häuptlingssitz aus dem 15. Jh. Zur Anlage gehören eine Vorburg, mehrere Wirtschaftsgebäude und Bauernhäuser sowie ein großes Taubenhaus.

Von Hinte führt die Straße über Cirkwehrum Richtung Norden. Kurz vor Uttum zweigt der Fahrradweg nach Südwesten ab. Zu Beginn des 15. Jh. erkor sich die mächtige Häuptlingsfamilie der Manninga **Pewsum** (A 5, s. S. 88f.) zum Hauptsitz. Ihre Burg beherbergt heute eine Sammlung zur ostfriesischen Häuptlings- und Burgengeschichte.

Warfendörfer und Gulfhöfe

Das Schild »Rad up Pad – Campen« weist auf stillen Seitenwegen gen Süden. In dem mehr als 1000 Jahre alten Warfendorf **Campen** (s. S. 89) ist das Landwirtschaftmuseum in zwei typisch ostfriesischen Gulfhöfen untergebracht. Die stattlichen roten Backsteinbauten, die überall im ostfriesischen Marschland zu finden sind, wirken wie mächtige Residenzen. Wohn-, Stall- und Scheunenbereich sind hier unter einem Dach vereint. Den Mittelpunkt eines Gulfhofes bildet der so genannte Gulf – ein vom Erdboden bis zum Dach hin offener hoher Raum zwischen vier, ein Rechteck bildenden Ständerbalken. Er diente der Lagerung von Heu und Futtermitteln sowie der Unterbringung des Viehs. Das Wahrzeichen Campens, der 65 m hohe, rote Leuchtturm, erhebt sich ein paar Kilometer weiter direkt am Deich.

Über Loquard geht es nach **Rysum** (A 5). Der Ort gilt als das klassische Beispiel eines Warfendorfs. Warfen – künstlich aufgeworfene Hügel – boten vor Beginn des Deichbaus Schutz vor den Sturmfluten. In Rysum ziehen sich die schmalen Straßen in drei Ringen um die Warf, sternenförmig gekreuzt von verschiedenen Lohnen, die auf die Dorfmitte zuführen.

Orgelreicher Nordwesten

Die im 15. Jh. aus Tuff- und Backstein errichtete Kirche von Rysum birgt im Inneren eine 1457 von Meister Har-

Tour 1

mannus aus Groningen geschaffene Orgel. Neben dem reich verzierten Faltwerk breiten sich rechts und links Flügel aus, die mit Sonne, Mond und Sternen geschmückt sind. Die Orgel gilt als eine der ältesten spielbaren und im Grundbestand erhaltenen Europas.

Kein anderes Land der Welt weist eine derart reiche Orgellandschaft auf wie die Ems-Dollart-Region zwischen dem niederländischen Groningen und Wilhelmshaven. Insgesamt sind in Ostfriesland rund 60 Orgeln aus der Zeit vor 1850 zu finden. Die Rysumer Orgel erklingt seit über 500 Jahren im sonntäglichen Gottesdienst, sie ist die einzige, auf der man noch spätgotische Orgelmusik im Originalklang hören kann. In Sichtweite der Rysumer Kirche erhebt sich eine Windmühle, von deren Galerie sich ein malerischer Blick über das Dorf bietet. Der Burgweg führt von der Warf hinab an den Deich. Wer jetzt wogende Wellen erwartet, wird enttäuscht: Ein weiterer Deich und ausgedehntes, vogelreiches Vorland erstrecken sich bis zum Meer.

In Richtung Norden geht es nun immer auf dem Deich entlang, der am **Campener Leuchtturm** auf die Nordsee trifft. Nun heißt es Treppensteigen: 308 Stufen führen nach oben zur Aussichtsplattform. 2 km weiter befindet sich in Upleward ein »Trockenstrand« hinter dem Deich sowie die beste Badestelle im Bereich der Krummhörn. Auf der Höhe von Hamswehrum biegt man auf einem von windgebeugten Bäumen gesäumten Weg ins Landesinnere ab.

Der im frühen Mittelalter an der inzwischen verlandeten Bucht von Sielmönken gegründete Handelsplatz **Groothusen** (A 5) erstreckt sich auf einer so genannten Straßenwarf und wirkt im Gegensatz zu den anderen Dörfern der Krummhörn ein wenig zersiedelt. Der größte Schatz der zu Beginn des 15. Jh. aus Back- und Tuffstein erbauten Kirche – der Glockenturm stammt von 1225 – ist eine in Gold und Weiß gehaltene Orgel (1801). Von den ehemals drei Burgen des Ortes blieb nur die Osterburg als Zeugnis längst vergangener ostfriesischer Häuptlingsmacht erhalten.

Enno Kempe, ein Nachfahre der letzten Häuptlingsfamilie, wohnt mit seiner Familie in der Burg und hütet einen Schatz historischer Erinnerungsstücke. Über Pewsum sind es 10 km zurück bis Hinte.

Tour-Info

Länge: Die Rundtour folgt zu einem Großteil der Friesenroute »Rad up Pad« (s. S. 31); ab/bis Hinte 41 km, ab/bis Pewsum 24 km.
Burgmuseum und Mühlenmuseum: Pewsum, Mitte Mai– Mitte Okt. Di, Do 10–12.30, 15–17, Sa, So 15.30–17.30 Uhr.
Ostfriesisches Landwirtschaftsmuseum: Krummhörner Landstraße, Campen, Mitte Mai– Mitte Okt. Di–Fr 11–17, Sa, So 14–17 Uhr.
Campener Leuchtturm: in der Saison Fr–Mi 14–16, So auch 10–12 Uhr.
Osterburg Groothusen: Tel. 049 23/12 70. Burg-Enthusiasten können sich im Seitenflügel über Nacht einquartieren, Radfahrer werden gerne auch nur für eine Nacht aufgenommen.
Essen: Das Müllerhaus der Rysumer Mühle beherbergt ein kleines Cafe.

Ein mühsames Unterfangen: Torf stapeln

Tour 2

Moore und Meere

Das Große Meer

Wenn die Ostfriesen von der See sprechen, meinen sie das Meer – die im moorigen Binnenland gelegenen Seen aber nennen sie »Meere«. Zu Beginn des 19. Jh. gab es in Ostfriesland weit mehr als 100 solcher Meere, heute nur noch etwa ein Dutzend. Mit Hilfe windbetriebener Wasserschöpfmühlen legte man sie trocken, um die so gewonnenen Flächen landwirtschaftlich nutzen zu können.

Etwa 10 km nordöstlich von Emden beginnt die Tour am **Großen Meer** (B 5), dem größten noch erhaltenen Binnenmeer Ostfrieslands. Der nördliche Teil des Großen Meeres ist Landschaftsschutzgebiet, der südliche Teil ist als Naturschutzgebiet ausgewiesen. Im verschilften Uferbereich des Flachmoorsees, der in weiten Teilen nicht tiefer als 1 Meter ist, brüten viele selten gewordene Sumpf- und Wasservögel wie der Schilfrohrsänger und die Sumpfohreule. Für Zugvögel – Graugänse, Enten und Singschwäne – ist das Meer ein wichtiges Rastgebiet. Ein völlig anderes Bild präsentiert sich bei **Bedekaspel** am nordöstlichen Seeufer. Hier befindet sich ein beliebtes Erholungsgebiet mit Möglichkeiten zum Schwimmen, Segeln, Surfen und Wandern. Im sommerlichen Trubel vergisst man leicht, welche Melancholie Moorlandschaften zu eigen sein kann. Noch Mitte des 19. Jh. schrieb ein Emder Lehrer über das Moorgebiet zwischen Emden und Aurich: »Und immerfort zittert und wankt der Boden unter unseren Füßen. Wehe dem Unkundigen, der es wagt, ihn zu betreten. Mit tausend Armen wird er hinabgezogen in die schwarze Tiefe.«

Moormuseum

Den Grundstein zur Moorkultivierung legte Preußenkönig Friedrich der Große mit dem Urbarmachungsedikt von 1765. In **Moordorf** (B 5), 5 km westlich von Aurich, veranschaulicht das Moormuseum, auch das ›Museum der Armut‹ genannt, die Lebensbedingungen der Moorkolonisten. Im Gegensatz zu den reichen Marschbauern fristeten die ostfriesischen Landarbeiter und Moorkolonisten ein extrem karges Leben. Die vielzitierte friesische Freiheit ›Hier herrschte nie die Frone/Hier war der Bauer Graf‹ galt ausschließlich für die besitzende Bauernschicht. Wenigen reichen Bauern waren Hunderte von besitzlosen Landarbeitern auf Gedeih und Verderb ausgeliefert. Um in Freiheit leben und arbeiten zu können, siedelten sich viele Landarbeiter und Mägde in Moorgegenden wie beispielsweise in

Moordorf an. Die Moorkolonisation erwies sich als grausames Unterfangen. Es entstand die Losung: »den ersten de dot, den tweden de not, den dreden dat brot« (den ersten der Tod, den zweiten die Not, den dritten das Brot). 1767 gegründet, durchlitt Moordorf alle nur denkbaren Widrigkeiten der Moorkolonisation. Es gehörte zu den kinderreichsten und zugleich ärmsten Dörfern Deutschlands. Wegen der schlechten Wegverhältnisse war es unmöglich, den Torf in die Absatzgebiete zu transportieren. Auf dem nährstoffarmen Moorboden bauten die Kolonisten Buchweizen an, aus denen sie Pfannkuchen (Bookweitenschubberkes) buken – sonst gab es kaum etwas zu essen Nach fünf Jahren Buchweizenanbau musste der ausgelaugte Moorboden immer einige Jahrzehnte brachliegen, um sich zu regenerieren. Das angewiesene Land erwies sich als viel zu klein, um eine Familie zu ernähren. Erst gegen Ende des 19. Jh., als einige Moorbewohner im Emder Hafen eine Arbeitsstelle fanden, begann sich die Lage zu bessern.

Lehmhütten, wie sie im Museum zu sehen sind, prägten noch Anfang der 1950er Jahre das Bild Moordorfs. Als 1978 die Idee entstand, eine originalgetreue Lehmhütte zu errichten und durch ein kleines Ausstellungsgebäude zu ergänzen, war es zunächst gar nicht so einfach, die Moordorfer Bevölkerung dafür zu begeistern; vielen Familien steckte die Not der Kolonie noch in den Knochen: »Wir sind froh, dass wir das ganze Elend hinter uns haben...«

Das Ewige Meer

In dem großen Hochmoorgebiet nördlich von Moordorf erstreckt sich das Naturschutzgebiet **Ewiges Meer** (C 4). Das Ewige Meer, einer der schönsten und größten Hochmoorseen Deutschlands, hat keinen Zufluss und wird ausschließlich vom Regenwasser und dem Grundwasser des höher liegenden Moores gespeist. Nichts rührt sich in diesem See, nichts wächst hier. Ein rund 2 km langer Rundweg an seiner Nordseite ermöglicht einen Ausflug in die schöne, stille Moorlandschaft, (die Südseite ist für Touristen unzugänglich). Für den Rundgang sollte man etwa 90 Minuten einplanen. Ein Lehrpfad vermittelt Wissenswertes, die Frage- und Antwort-Spiele sowie die Klapp- und Drehelemente begeistern auch Kinder. Im Winter friert das flache Wasser des Ewigen Meeres schnell zu. Dann treffen sich auf dem Eis die Schöfler (Schlittschuhläufer). Dem Bohlenweg folgend, gelangt man direkt zum Wasser und gelangt von der ersten Plattform aufs Eis, ohne das Moor zu betreten.

Tour- Info

Länge: ca. 28 km. Da die einzelnen Aufenthalte einige Zeit in Anspruch nehmen und die Tour keine Rundtour ist, empfiehlt es sich, mit dem Auto zu fahren.
Moormuseum: Victorburer Moor 7a, Moordorf, Mai–Okt. Di–So 10–17.30 Uhr. Sehr schöne Internetpräsentation: www.moormuseum-moordorf.de
Essen: Im Erholungsgebiet bei Bedekaspel am Großen Meer ist die Versorgung gewährleistet. Wer den Rundgang am Ewigen Meer macht, muss für das Picknick unterwegs selber sorgen.
Lesetipp: ›Moordorf, Dichtung und Wahrheit über ein ungewöhnliches Dorf in Ostfriesland‹ (im Museum erhältlich) von dem Politologen Andreas Wojak.

Tour 3

Möwen begleiten die Fischkutter

Mit dem Krabbenkutter zu den Seehundbänken

Fischfang an der Küste

Eines der für Kinder einprägsamsten Küstenerlebnisse ist eine Fahrt zu den Seehundbänken, die oftmals mit einem Schau-Fischfang verbunden ist. Wenn das triefende Netz an Bord gehievt wird und sich ein wimmelnder, wuselnder Strom in eine mit Wasser gefüllte Kiste ergießt, wird sichtbar, was sonst verborgen am Meeresgrund lebt. Den weitaus größten Anteil haben die Sandgarnelen (= Krabbe oder Granat, s. S. 26). Die Fischer fahren auch auf Scholle und Seezunge aus, doch diese sind rar geworden. Allein der Krabbenfang lohnt noch. Die Fanggründe für Granat liegen im Küstenbereich, im Flachwasser der Priele zwischen den Inseln und der Küste. Die Kutter breiten hier ihre Seitenmasten, die Kurren, mit feinmaschigen Schleppnetzen aus, die mit Hilfe von Rollen über den Meeresgrund gleiten. Sobald die Netze eingeholt sind – bis zu 1 Std. kann die Schleppzeit dauern –, wird der ungewollte Beifang wie Seesterne, Krebse, Muscheln und kleine Schollen von Hand aussortiert und ins Meer zurückgeworfen. Die gespülten, sandgrauen Krabben wandern in einen großen Kochkessel. Nach wenigen Minuten im brodelnden Nordseewasser sind sie gar – und haben jetzt erst die bekannte rosa Färbung angenommen.

An Bord in Neuharlingersiel

Im malerischen Hafen von Neuharlingersiel (s. S. 78ff.) liegt eine ganze Flotte von Krabbenkuttern vor Anker, einige von ihnen nehmen Gäste an Bord. Sitzbänke an Bord weisen daraufhin, dass der Kapitän nicht nur ›auf Granat‹ fährt, sondern auch Ausflugsfahrten anbietet. Viel Wissenswertes erfährt man auf einer solchen Fahrt - über den Nationalpark, die Seehunde und Krabben.

Nordseekrabben

Frische Nordseekrabben sind ein Thema für sich. Dass die gepulten Krabben, die in Fischgeschäften und Restaurants angeboten werden, so frisch nicht sind, ahnt so mancher Urlauber. Und was gemunkelt wird, das stimmt: Die fangfrischen, delikaten Nordseetierchen werden zum größten Teil zum Pulen nach Marokko oder Polen geschickt. Dem ›globalisierten Pulen‹ bieten die Neuharlingersieler Fischer Paroli. Bereits seit 1989 verfügt ihre Genossenschaft über acht Krabbenpulmaschinen. 5–7 kg Krabbenfleisch schafft so eine Maschine pro Stunde, eine geübte Krabbenpulerin im gleichen Zeitraum nur ein gutes Pfund.

Seehunde

Der Blick schweift über die Seehundbänke zwischen Spiekeroog und Langeoog. Vorsichtig tuckert der Neuharlingersieler Kutter an die Sandbänke heran. Die Seehunde leben die längste Zeit des Jahres in der offenen See, meist verbringen sie nur die warmen Sommermonate im Wattenmeer. Zur Geburt und Aufzucht der Jungen, zum Haarwechsel und in der Paarungszeit im Spätsommer sind sie auf die Sandbänke, die bei Niedrigwasser trockenfallen, angewiesen. Die possierlichen Tiere dösen in der Sonne – doch die Idylle täuscht. 1988 wurde der Seehundbestand innerhalb weniger Wochen durch eine ansteckende Viruskrankheit um 60 % (andere Quellen sprechen von 80%) reduziert. Die Population erholte sich überraschend gut, zu Beginn des neuen Jahrtausends zählte man im Wattenmeer mehr Seehunde als je zuvor. Als die im Mai auf der dänischen Insel Anholt ausgebrochene Seehundseuche Mitte Juli 2002 die niedersächsische Wattenmeerküste erreichte, reagiert man vergleichsweise gelassen auf das Massensterben. Auslöser für die Seuche war wie auch schon 1988 das Seehundstaupevirus. Bis November 2002 fielen etwa 38 % aller Wattenmeer-Seehunde der Seehundstaupe zum Opfer. Obwohl man mittlerweile viel über das Staupevirus weiß, gehen die Ansichten über die Ursachen der Seuche auseinander. Es handele sich um eine natürliche Bestandsregulierung, meinen die einen und sehen in der raschen Erholung des Seehund-Bestandes nach dem Massensterben 1988, den schlagenden Beweis, dass es um die Nordsee ökologisch nicht so schlecht bestellt sein könne. Andere Experten sind davon überzeugt, dass die Ursachen unmittelbar vom Menschen zu verantworten sind. Denn obwohl die Schadstoffeinleitung in die Nordsee in den vergangenen Jahren beträchtlich reduziert wurde, ist die Nordsee doch weit davon entfernt in einem guten Zustand zu sein. Die nach wie vor hohe Belastung mit Schadstoffen schwächt das Immunsystem der Tiere, so dass sie dem Staupevirus wenig entgegensetzen können. So erkrankten beispielsweise in nur gering verschmutzten Meeresgebieten in Schleswig-Holstein deutlich weniger Tiere als an höher belasteten Stellen.

Auch Störungen durch Wattwanderer, Ausflugsboote und Surfer bedrohen die Existenz der Seehunde. Werden sie beim Säugen der Jungen öfters gestört und aufgescheucht, können die Jungtiere nicht genug Fett ansetzen und damit nicht genug Widerstandskräfte sammeln. Auch ziehen sie sich durch das hastige Davonrobben Verletzungen im Nabelbereich zu, die zu eitrigen Entzündungen führen, an denen viele zugrunde gehen. Nur etwa 60–65 % der Seehundjungen überlebt das erste Jahr.

Der Ausflugskutter hält Abstand und scheucht die ruhenden Seehunde mit seinem Kutter nicht auf. Langsam dreht er ab, die Filme sind leergeknipst, zu Hause wird auf den meisten Fotos nicht viel zu entdecken sein – und das ist auch gut so.

Tour- Info

Kutterfahrten: ab Neuharlingersiel in der Saison fast täglich. Die Abfahrtszeiten sind am Liegeplatz des jeweiligen Kutters angeschlagen. Die Tour dauert 2,5–3 Std.
Parkplatz: am Fähranleger auf der Westseite des neuen Hafens, nur 2 Min. vom alten Hafen.

Tour 4

Wedelfelder Wasserschöpfmühle

Von Mühle zu Mühle

Mit der Kraft des Windes

Einst mahlten sie Korn und Muschelkalk, sie pressten Öl und schöpften Wasser. Das Land an der Küste ist Mühlenland. Die frühesten im Norden bekannten Windmühlen stammen aus der Zeit von 1100 bis 1200 n. Chr. In Ostfriesland wird die erste Windmühle in der Nähe von Esens im Jahre 1424 urkundlich erwähnt. Der älteste bekannte Windmühlentyp ist die Bockwindmühle. Das gesamte auf einen Bock montierte Mühlengehäuse wird samt Räderwerk und Mahlgang um einen Ständer in den Wind gedreht (darum wird sie auch Ständermühle genannt). Bei der fortschrittlicheren Kappenwindmühle werden dagegen nur noch die Flügel mit Kappe (Haube) in die richtige Position gebracht. Da die Kappenwindmühle aus Holland stammt, wird sie auch als Holländer oder Holländermühle bezeichnet. Es gibt so genannte Erdholländer, bei dem die Flügel vom Erdboden aus in den Wind gestellt werden, und Galerieholländer, die von der umlaufenden Galerie aus gedreht werden können. In alten Zeiten diente die Stellung der Mühlenflügel auch dazu, weithin sichtbare Botschaften zu übermitteln: Trauer, Freude oder aber den wohlverdienten Feierabend. Nur wenige Mühlen sind heute noch in Betrieb. Viele dienen als Café, Restaurant, Galerie oder Museum.

Von Nordenham nach Wilhelmshaven

Die Tour führt einmal um den Jadebusen herum, mit dem Auto oder per Rad. Sehenswürdigkeit Nr. 1 ist die **Moorseer Mühle** (G 5) im Nordenhamer Stadtteil Abbehausen. Der 1840/1904 erbaute dreistöckige Holländer – heute als Mühlen- und Landwirtschaftsmuseum genutzt – blieb ungewöhnlich lange, bis 1977, in Betrieb und überdauerte damit zunächst das große Mühlensterben, das zu Beginn des 20. Jh. mit der Motorisierung durch Dampfmaschinen und später durch Elektromotoren einsetzte. Der Staat tat ein Übriges: 1957 trat ein so genanntes Mühlenstilllegungsgesetz in Kraft, mit dem die Aufgabe von Mühlen finanziell unterstützt wurde, der Staat war nur noch an rentablen Großmühlen interessiert.

8 km weiter südöstlich bietet sich die 1876 erbaute **Seefelder Mühle** (G 5) für eine Kaffeepause an. Sie dient als Kulturzentrum, Café und Galerie.

Vorbei am Schwimmenden Moor von Sehestedt geht es ins 20 km entfernte Varel (s. Dangast, S. 60f.). In der fünfgeschossigen, noch funktionsfähigen **Vareler Mühle** ist eine heimat-

Tour 4

kundliche Sammlung untergebracht. Bis 1965 war die Mühle in Betrieb. Von der mehr als 15 m hohen Galerie schweift der Blick weit über das umliegende Land. Dichte Wälder prägen die Landschaft westlich von Varel. Im Dreieck Bockhorn, Zetel und Neuenburg liegt ein etwa 25 ha großes Naturschutzgebiet, der Neuenburger Urwald (E 5), eine weitgehend sich selbst überlassene, wundersame Wildnis mit über 600jährigen Baumriesen. Eine gute Gelegenheit, die Autotour zu unterbrechen für einen kleinen Rundweg (Parkplatz mit Infotafel an der Bundesstraße).

Nordwestlich von Neuenburg liegt die **Rutteler Mühle**, eine Korn- und Sägemühle von 1865, die heute noch in Betrieb ist. Etwa 200 Tage im Jahr reicht die Windstärke aus, um die Flügel anzutreiben.

Nächste Etappe ist die 1838 errichtete **Horstener Mühle** (E 5; Abzweig von der B 437 in Barge), eine Bioland-Vertragsmühle mit angeschlossenem Laden.

Allein auf grüner Flur steht die **Wedelfelder Mühle**, eine Wasserschöpfmühle mit Archimedischer Schraube. 1844 erbaut, diente sie der Entwässerung der tief gelegenen Marschen.

Das Ende der Tour markieren zwei weitere Mühlen: In der hübschen Residenzstadt Jever (s. S. 98) steht die alte **Schlachtmühle** (mit Landwirtschaftsmuseum). Auf halbem Weg nach Wilhelmshaven ist die vorbildlich restaurierte **Accumer Mühle** (E 4) zu besichtigen. Wiederaufgefunden wurde der Gründungsstein des Mühlenbaus. Die Übersetzung der lateinischen Inschrift lautet: »Du hast recht, hier siehst du keine Maße der sich stolz brüstenden ägyptischen Pyramiden ..., aber einen Mühlstein, der sie an Nützlichkeit überragt.«

Tour-Info

Länge: Die Mühlentour folgt auf einer Strecke von 80–90 km der friesischen Mühlenstraße (www.wilhelmshaven.de/muehlenstrasse). Wer mit dem Rad unterwegs ist und eine Rundtour machen möchte, kann die Fußgänger- und Radfahrerfähre von Wilhelmshaven nach Eckwarderhörne nehmen (s. S. 98) und so die Runde um den Jadebusen schließen.
Moorseer Mühle: April–Okt. Di–Sa 10–17, Nov.–März So 14–17 Uhr. Mi ist Backtag in der Saison, dann gibt's in der Mühle Kaffee und Kuchen.
Seefelder Mühle: Café und Galerie ganzjährig Sa, So 14–18, Juli, Aug. auch Mo–Fr 12–17, jeden ersten Sonntag im Monat Landfrauenmarkt 10–16 Uhr.
Vareler Mühle: ganzjährig Sa 10–12, Mai–Okt. Mi, Sa, So 10–12 Uhr.
Rutteler Mühle: Im Mühlencafé (tgl. 14–18 Uhr) werden Vollkornprodukte serviert, im Laden sind Naturkostwaren im Angebot (Mo–Fr 9–12.30, 14–18, Sa 9–12.30 Uhr), Mühlenbesichtigung jederzeit.
Horstener Mühle: Die Mühle kann auf Anfrage besichtigt werden, Vollkornprodukte im Laden: Mo–Fr 8–12, 13.30–18, Sa 8–12 Uhr.
Wedelfelder Mühle: meist Sa 15–18 Uhr.
Alte Schlachtmühle: April–Okt. Di–Sa 10–13, 15–17, So 11–13, 15–17 Uhr, mit Landwirtschaftsmuseum.
Accumer Mühle: April–Okt. Sa, So 14–17 Uhr, in den Ferien zusätzlich Mi, mit Cafébetrieb.

Tour 5

Eine Wattwanderung kann zur Entdeckungsreise werden

Übers Watt nach Neuwerk und Scharhörn

Vogelvielfalt im Wattenmeer

Im Herbst und im Frühjahr sieht man bei Ebbe riesige Vogelscharen in wolkenähnlichen Schwärmen auf Nahrungssuche übers Watt streichen. Über 100 verschiedene Arten finden hier ihre Nahrung, etwa zwei Dutzend brüten hier. Sie picken nach Schlickkrebsen, Wattschnecken und Würmern. Am häufigsten trifft man auf Möwen. Die Silbermöwe ist an ihrem roten Schnabelfleck und fleischfarbenen Beinen zu erkennen, die kleinere Lachmöwe hat in den Sommermonaten einen braunen Kopf. Die Möwen sind Allesfresser, sie schlingen alles hinunter, was sie erbeuten können – von Fischen über Abfälle zu aus Nestern geraubten Vogeleiern. Der eigentliche Charaktervogel der Nordseeküste ist der Austernfischer mit roten Beinen und schwarzweißem Federkleid. Auf Neuwerk und Scharhörn – seit 1990 Teil des Nationalparks Hamburgisches Wattenmeer – trifft man auf Tausende von Seeschwalben. Die fast taubengroße Brandseeschwalbe und die zierlichere Küstenseeschwalbe sind an ihrer schwarzen Kopfhaube zu erkennen. Die kleinste Seeschwalbenart ist die zarte Zwergseeschwalbe mit einem gelben Schnabel.

Neuwerk

Bereits 1286 diente Neuwerk (H 1) Bremer und Hamburger Kaufleuten als Fischmarkt. 1299–1310 ließen die Hamburger hier einen massiven Turm errichten, das Neue Werk, um die Elbmündung besser vor Seeräubern schützen zu können. Seither wird an dem sturm- und wasserumtosten Gemäuer gewerkelt. 1814 erstrahlte erstmals ein Leuchtfeuer vom Turm, der heute der älteste noch betriebene Leuchtturm der Deutschen Bucht ist.

Unübersehbar flattert die Hamburger Fahne über der Insel. Seit 1969 gehört Neuwerk wieder zu Hamburg. Der Bau eines gigantischen Tiefseehafens war geplant – das Projekt ist mittlerweile ad acta gelegt.

Für die etwa 5 km lange Inselumrundung – immer auf der Deichkrone bleiben – ist etwa 1 Std. zu veranschlagen. Im Süden der Insel, auf dem Weg zum Turm, passiert man den Friedhof der Heimatlosen. Ein ›touristisches Muss‹ ist die Besteigung des Leuchtturms, von dem sich ein grandioser Blick über das grüne Eiland bietet. Im Sommer 2002 wurde ein Nationalpark-Erlebnispfad eingerichtet . Der Pfad mit insgesamt 14 Stationen beginnt auf der Turmwurt. Informationstafeln mit anschaulichen Grafiken und Erläuterungen sowie Aktionselemente erläutern das Leben im Nationalpark Hamburgisches Wattenmeer.

Scharhörn

6 km nordwestlich von Neuwerk liegt Scharhörn (G 1). Noch bis ins 20. Jh. hinein bildete das Sandriff Scharhörn ein gefährliches Hindernis für Schiffe auf dem Weg in die Elbe und machte vor allem als Schiffsfriedhof von sich reden. Wegen seiner großen Bedeutung als Brutgebiet wurde es bereits 1939 zum Naturschutzgebiet erklärt. Das Betreten der Insel ist nur im Rahmen geführter Wattwanderungen erlaubt. Betreut wird das Gebiet vom Verein Jordsand zum Schutz der Seevögel und der Natur e. V. (www.jordsand.de/scharhoern). Ein Vogelwart wohnt von März bis Okt. auf der Insel. Er ist für die Erfassung von Brutvogeldaten, Zählungen der Wat- und Wasservögel sowie Spülsaumkontrollen zur Schiffsmüllerfassung zuständig. Außerdem empfängt er die von Neuwerk ankommenden Wattwanderer. Auf hohen Pfählen streckt sich sein Haus über den Dünen gen Himmel. Man kann hinaufsteigen und mit einem Feldstecher nach Vögeln Ausschau halten. Der Vogelwart erzählt von der kleinen, grasbewachsenen Insel. Die ständige Brandung der Nordsee nagt an ihrer Substanz: In den letzten Jahrzehnten ist sie um gut ein Drittel geschrumpft. Um die bedrohten Brutplätze zu ersetzen, beschloss man 1989, eine neue Insel, Nigehörn, zu schaffen. Fünf Wochen lang spülten Saugbagger 1,2 Mio. m^3 Sand auf eine strömungsarme Sandbank südwestlich Scharhörns. Dünengräser wurden gepflanzt, Vögel ließen sich nieder. Das Betreten der Insel ist verboten. Nur der Scharhörner Vogelwart wandert ab und zu hinüber, zählt den wachsenden Vogelbestand.

Tour 5

Tour- Info

Anreise per Schiff: April–Okt. mit dem Fahrgastschiff ›MS Flipper‹ tgl. nach Neuwerk; Reederei Cassen Eils, Tel. 047 21/322 11, Fax 047 21/311 62, www.neuwerkreisen.de.

Nach Neuwerk: Die 10–12 km lange Wanderung nach Neuwerk beginnt bei ablaufendem Wasser in Cuxhaven am Sahlenburger oder Duhner Strand (2,5 bzw. 3 Std.). Drei Priele sind zu durchwaten – das Wasser ist unterschiedlich tief (Badezeug unterziehen!). Empfehlenswert ist die Kombination von Wattwanderung bzw. Wattfahrt mit dem Pferdewagen (bei Niedrigwasser) und Schiffsreise (bei Hochwasser). Nach 2–3 Std. Aufenthalt auf Neuwerk geht es dann per Schiff zurück nach Cuxhaven. Wattfahrten-Anbieter s. S. 59.

Von Neuwerk nach Scharhörn: Im Sommer wird ca. alle zwei Wochen eine Wanderung nach Scharhörn angeboten, die Reise von Cuxhaven nach Neuwerk und zurück erfolgt dann per Schiff. In den Schiffsfahrplänen sind die Tage, an denen diese Wanderung möglich ist, mit einem Stern gekennzeichnet. Der Ausflug von Neuwerk nach Scharhörn und zurück dauert ca. 5 Std. (inkl. 1 Std. Inselaufenthalt), die Hin- und Rückwanderung muss innerhalb einer Tide geschafft werden.

Essen: In der Turmschenke auf Neuwerk kann man speisen, im Gasthof Zum Anker treffen sich die Wattführer zum Klönen. Am Leuchtturm gibt es einen Imbiss mit Kaufmannsladen.

Register

Accumer Mühle 115
Altenbruch 55, 59
Altfunnixsiel 19, 52
Angeln 30, 50, 59, 63, 85
Arngaster Leuchtturm 62, 96

Bad Bederkesa 45
Baderegeln 30
Baltrum 100
Banter See 95
Bauernhofferien 5, 22, 25, 47, 61, 64, 82
Bedekaspel 110
Beningaburg 63
Bensersiel 33, 72
Bernstein 14
Berum 9
Bohlenbergerfeld 62
Bontekai 93
Borkum 101
Bremerhaven 10, 18, 23; 40
Burhave 46
Butjadingen 32, 46

Campen 89, 108
Campener Leuchtturm 109
Cappel 67
Carolinensiel 9, 15, 19, 33, 50
Cuxhaven 10, 19, 23, 53

Dangast 60
Deichmuseum 66
Deutsches Marinemuseum 93
Deutsches Schiffahrtsmuseum 40
Dornum 9, 62, 84
Dornumersiel 33, 62
Dorum 66
Döse 55, 57
Duhnen 55, 56, 57

Eckwarderhörge 46
Emden 10, 18, 67
Esens 72
Ewiges Meer 111

Fedderwardersiel 9, 46
Fernradwege 31

Gezeiten 14
Gödens 9
Greetsiel 9, 19, 74
Grimmershörn 55
Groothusen 9, 18, 109
Großes Meer 110

Hadeln, Land 84
Hage 65, 84
Harlesiel 50
Helgoland 10, 45, 59, 84, 98, 101
Heuhotel 5, 22, 25, 47
Hinte 9, 106
Hohenkirchen 89
Hooksiel 9, 89
Hooksmeer 90
Horstener Mühle 115
Horumersiel 33, 89

Jadebusen 15, 60, 89, 92, 95, 114
Jaderberg 62
Jennelt 18
Jugendherbergen 25
Juist 102

Kanufahren 25, 33, 70, 71, 85, 95
Kinder 21
Klima 16
Krummhörn 76, 108

Langeoog 103
Langwarden 46
Leuchttürme 27, 45, 46, 62, 77, 89, 96, 109, 116
Leyhörn 78
Leysiel 77
Lüdingworth 59
Lütetsburg 82, 84

Marienhafe 84
Medem 87

Minsen 89
Morgenstern-Museum 41
Moordorf 110
Moorseer Mühle 114
Münkeboe 63

Nationalpark Wattenmeer 5, 11, 16, 46, 50, 54, 60, 63, 66, 67, 74, 81, 93, 105, 112, 116
Nesse 62, 65
Neßmersiel 62, 64
Neuenburg 62
Neuharlingersiel 9, 19, 33, 79, 112
Neuwerk 10, 58, 59, 116
Norddeich 19, 33, 80
Norden 65, 80
Nordenham 49
Norderney 103
Nordholz-Spieka 59

Ocean Wave 30, 33, 82
Oceanis 93
Osten 88
Otterndorf 84

Pewsum 88, 108
Pilsum 18, 19, 77
Preise 16

Quellbad DanGast 30, 60

Reiten 32, 61, 63, 76
Ritzebüttel 53, 54
Roter Sand, Leuchtturm 45, 46
Rutteler Mühle 115
Rysum 108

Sahlenburg 55, 56, 58
Scharhörn 117
Schillig 89
Schlachtmühle 115
Schloss Lütetsburg 82, 84
Schloss Ritzebüttel 53, 54
Seefelder Mühle 114

Seehundbänke 49, 52, 53, 59, 62, 112
Segeln 33, 46, 50, 55
Seriemer Mühle 80
Sielhafenmuseum 50
Skaten 32
Sonneninsel, Nordseetherme 30, 33, 73
Souvenirs 17
Spaßbäder 30, 55, 60, 75, 82, 89
Spieka 59
Spiekeroog 104
Störtebeker 10, 17, 84
Surfen 55, 66, 85, 90

Tossens 46
Tropen Parc Tossens 30, 46

Upleward 75
Uttum 18

Varel 60
Vareler Mühle 114

Wandern 33
Wangerland 89
Wangerooge 105
Wassersport 33
Wattwandern 17, 32, 99, 116
Wedelfelder Mühle 115
Wellenpark 80, 81
Wellness 33, 44, 50, 57/58, 73, 75, 90
Werdum 80
Wiesmoor 19
Wilhelmshaven 10, 15, 19, 23, 92
Windjammerparade 19
Wingst 87
Wittmund 52
Wrackmuseum 54
Wremen 99
Wurster Land 66

Zetel 62

Fotonachweis: Titelbild: Greetsiel
Vignette: Fähre nach Spiekeroog
S. 6/7: In Neuharlingersiel
S. 38/39: Greetsiel

Claudia Banck (Schwerin): S. 6/7, 24, 88, 91, 94/95, 112, 114
Silke Geister (Hamburg): S. 48/49, 86
Paul Hahn/laif (Köln): S. 1, 3, 20, 26, 30, 38/39, 65, 76/77, 81, 83, 100, 102, 104, 116
Ottmar Heinze (Hamburg): Titel, S. 8, 18, 106/107, 108, 110
Andreas Hub / laif (Köln): S. 12, 41
Martin Langer (Hamburg): S. 2
Martin Zitzlaff (Hamburg): S. 9, 14, 51, 73

Alle in diesem Buch enthaltenen Angaben wurden von der Autorin nach bestem Wissen erstellt und von ihr und dem Verlag mit größtmöglicher Sorgfalt überprüft. Gleichwohl sind inhaltliche Fehler nicht vollständig auszuschließen. Ihre Korrekturhinweise und Anregungen greifen wir gern auf. Unsere Adresse: DuMont Reiseverlag, Postfach 101045, 50450 Köln, E-Mail: info@dumontreise.de, Internet: www.dumontreise.de

---

Kartografie: © DuMont Reiseverlag, Köln

© 2004 DuMont Reiseverlag, Köln
Alle Rechte vorbehalten
Grafisches Konzept: Groschwitz, Hamburg
Druck: Rasch, Bramsche
Buchbinderische Verarbeitung: Bramscher Buchbinder Betriebe

ISBN 3-7701-6467-9